REG L. HAWKINS, CALLY PARKINSON & ERIC ARNSON

PREFÁCIO DE BILL HYBELS

DESCU

ONDE VOCÊ ESTÁ?

A RESPOSTA TRANSFORMARÁ SUA IGREJA

radução
Onofre Muniz

Editora Vida

Título original
Reveal: where are you?
edição publicada por
MOODY PUBLISHERS
(Chicago, EUA)

■

■

EDITORA VIDA
Rua Júlio de Castilhos, 280 Belenzinho
CEP 03059-000 São Paulo, SP
Tel.: 0 xx 11 2618 7000
Fax: 0 xx 11 2618 7044
www.editoravida.com.br
www.vidaacademica.net

Editor responsável: Sônia Freire Lula Almeida
Revisão de tradução: Judson Canto
Revisão de provas: Gisele Romão da Cruz Santiago
Assistente editorial: Alexandra Resende
Diagramação: Set-up Time
Capa: Set-up Time

Dados Internacionais de Catalogação na Publicação (CIP)
(Câmara Brasileira do Livro, SP, Brasil)

Hawkins, Greg L.
Descubra: onde você está? / Greg L. Hawkins, Cally Parkinson, Eric Arnson; prefácio de Bill Hybels; tradução Onofre Muniz. — São Paulo: Editora Vida, 2008.

Título original: *Reveal: where are you?*
ISBN 978-85-383-0080-9

1. Igreja - Crescimento 2. Igreja - Ministério 3. Liderança cristã 4. Perguntas e respostas 5. Pesquisa - Metodologia I. Parkinson, Cally. II. Arnson, Eric. III. Hybels, Bill. IV. Título.

08-06479 CDD-262

Índice para catálogo sistemático:

1. Igrejas : Crescimento : Eclesiologia : Cristianismo 262

Esta obra foi composta em Goudy Old Style e impressa em Colombia sobre papel ilustración 150 gr. para Editora Vida em setembro de 2008.

PREFÁCIO

A igreja local é a esperança do mundo.

Há vários anos, venho pregando essa mensagem sempre que tenho a oportunidade de ajudar pastores de igrejas locais no meu país e no mundo. Trata-se de uma mensagem na qual acredito de todo coração.

Você pode, então, imaginar minha reação quando três pessoas, cujos conselhos prezo muito, disseram-me que a igreja que pastoreio há mais de três décadas não estava tão bem quanto pensávamos no que dizia respeito ao crescimento espiritual.

Como se não bastasse, disseram que não se tratava apenas da opinião delas. Baseavam-se em pesquisa científica.

Ai!

Liderados por dois membros da liderança, Greg Hawkins e Cally Parkinson, e pelo orientador de pesquisa do consumidor, Eric Arnson, começamos nossa pesquisa na igreja em 2004, olhando através de um novo conjunto de lentes. Graças às idéias e aos conselhos de Eric, a pesquisa permitiu-nos utilizar um dos métodos mais avançados de investigação disponíveis.

A contribuição da equipe foi substancial. Eric é um dos homens mais inteligentes e humildes que conheço. Cally, que na época era diretora de comunicação da Willow, tomou a iniciativa do projeto. Aprendi logo que podia contar com ela para fazer as coisas acontecerem. Greg, pastor executivo da Willow Creek, liderou o processo inteiro. Depois de onze anos trabalhando com Greg, não posso imaginar o ministério sem ele ao meu lado.

Eles me convenceram que, por meio da pesquisa, poderíamos obter uma compreensão única da vida espiritual de nosso povo – de como crescem e de como podemos ajudá-los.

Alguns dados do estudo mostraram sinais encorajadores de vitalidade. Por exemplo, 50% da congregação "ama a Deus mais que tudo" e expressa esse amor alcançando os amigos que não pertenciam à igreja e ajudando os pobres sistematicamente. Entretanto,

BILL HYBELS
Fundador e Pastor sênior da Igreja de Willow Creek

Presidente do Conselho da Associação Willow Creek

Quando tomei conhecimento dos resultados, a dor foi quase insuportável. Depois de refletir um pouco, dei-me conta de que a dor de não saber podia ser catastrófica.

outros dados não se mostraram tão animadores. Entre as descobertas, constava que quase uma em cada quatro pessoas na Willow Creek havia estagnado no crescimento espiritual ou estava insatisfeita com a igreja — e muitas delas estavam pensando em ir embora.

Meu desafio a você é este: esteja atento para ouvir Deus falar enquanto lê estas páginas.

Quando tomei conhecimento dos resultados, a dor foi quase insuportável. Depois de refletir um pouco, dei-me conta de que a dor de não saber podia ser catastrófica.

O que você tem em mãos revolucionou a maneira pela qual vejo o papel da igreja local. Ele me faz formular novas perguntas. Está me fazendo repensar a maneira de treinar os seguidores de Cristo. Está me fazendo ver claramente que a igreja e sua miríade de programas têm assumido muito da responsabilidade pelo crescimento espiritual do povo.

Nestas páginas, Greg, Cally e Eric compartilham o coração e a compreensão que tiveram neste projeto, ainda em andamento, os resultados e as descobertas que dele surgiram até agora. Eles o incentivarão a agir para melhor apoiar o crescimento espiritual dos membros de sua igreja.

Concluído o trabalho, as descobertas relatadas neste livro tornaram-me ainda mais comprometido em continuar aprendendo — e trabalhando mais — para garantir que nossa igreja atinja seu pleno potencial de redenção. Espero que você se junte a mim. Minha oração é que estas informações dêem início a um diálogo contínuo a respeito do crescimento espiritual de *sua* igreja.

Meu desafio a você é este: esteja atento para ouvir Deus falar enquanto lê estas páginas. Aprendi com o passar dos anos que é imperioso enfrentar os fatos. Os fatos são seus amigos — amigos desafiadores, todavia amigos.

Bill Hybels

os fatos

TRAILER

Todo líder de ministério quer causar impacto. Entretanto, como saber se o que estamos fazendo como igreja realmente faz diferença? Podemos medir coisas como quantidade de membros e freqüência, mas essas medidas realmente nos dizem se alguém está se tornando mais parecido com Cristo? Como medir o coração humano?

Precisando estabelecer um novo curso estratégico, a Willow Creek começou a perguntar: "Onde estamos?". A igreja obteve uma compreensão mais profunda da resposta para essa pergunta ao utilizar um método único de pesquisa. Os resultados foram surpreendentes.

O resultado de três anos de pesquisa para medir como as pessoas crescem espiritualmente revelou muito a respeito da trilha que seguem em sua jornada espiritual, das necessidades únicas que enfrentam ao longo do caminho e de como a igreja tem atendido – e deixado de atender – a essas necessidades. Seis descobertas animadoras forneceram o trampolim para que as igrejas reconsiderem suas estratégias ministeriais.

são seus amigos

ONDE VOCÊ ESTÁ?

O Reino de Deus é semelhante a um homem que lança a semente sobre a terra. Noite e dia, estando ele dormindo ou acordado, a semente germina e cresce, embora ele não saiba como. *Marcos 4.26,27.*

✦

Até onde alguém pode lembrar, a única pergunta que sabíamos fazer a respeito da igreja era: "Quantos?".

Quantos...
aceitam Cristo?
batismos?
membros?
vêm à igreja todos os fins de semana?
dizimam?
estão em pequenos grupos?
trabalham ativamente?

Mas "Quantos?" – *por si mesmo* – não abrange tudo que se espera de uma igreja. Essa pergunta é um bom começo, mas avalia apenas o que vemos.

Quando se trata de crescimento espiritual, precisamos medir o invisível. Precisamos vislumbrar as atitudes, pensamentos e sentimentos do povo. Precisamos de palavras que revelem o coração de cada membro. Queremos saber o que os conduz a níveis mais profundos. Precisamos de uma nova visão. Precisamos de outra pergunta. Precisamos de uma pergunta que nos ajude a compreender a jornada espiritual, a fim de podermos ajudar e incentivar as pessoas na busca de Cristo.

A pergunta é simples, mas sempre a evitamos. Essa é a questão central entre Deus e nós.

E Deus foi o primeiro a perguntar:

Onde você está?

Milhares de pessoas têm nos falado de seu relacionamento com Deus. Temos ouvido apenas com o objetivo de ver como Deus trabalha na vida delas e, quando olhamos para os resultados, vemos padrões. A pesquisa é científica. Os padrões são bíblicos.

As descobertas fornecem um contexto para responder à questão "Onde você está?" a cada pessoa que busca a Cristo.

Precisamos de uma nova visão. Necessitamos de outra pergunta.

A saúde de sua igreja não consiste apenas em números. Trata-se do movimento das pessoas em direção a Cristo, em direção a um profundo amor a Deus e a um amor autêntico pelos outros.

Onde estão as pessoas que freqüentam seus cultos? Estão chegando mais perto de Deus? E se você pudesse saber? E se você pudesse ver?

Onde você está?

A resposta é reveladora. É a pergunta de Deus para cada um de nós. Estamos apenas nos juntando na conversa.

Greg L. Hawkins

DESCUBRA

1 VOCÊ ESTÁ REALMENTE FAZENDO DIFERENÇA?

A VERDADE BRUTAL SOBRE CRESCIMENTO ESPIRITUAL

Impacto do Reino

TODO LÍDER DE MINISTÉRIO quer causar impacto. Entretanto, como saber se o que estamos fazendo como igreja realmente faz diferença? Podemos medir coisas como quantidade de membros e freqüência, mas essas medidas realmente nos dizem se alguém está se tornando mais parecido com Cristo? Como medir o coração humano?

1

VOCÊ ESTÁ *REALMENTE* FAZENDO DIFERENÇA?

Um novo membro de sua igreja convidou você para almoçar. Depois de uma breve conversa, ele o encara e diz:

– Minha esposa e eu queremos fazer algo pela igreja. Queremos doar um milhão de dólares.

Será que ouvi bem? Um milhão de dólares?

– Como? – é a melhor resposta que você pode dar.

Novamente, ele diz:

– Gostaríamos de doar um milhão de dólares para a igreja. A única coisa que pedimos...

Ah, não, lá vêm as condições...

– ... é que o dinheiro seja empregado naquilo que você sabe que resultará no maior impacto a favor do Reino. Queremos que você garanta que as pessoas distantes de Deus sejam alcançadas e que elas cresçam no amor a Deus e ao próximo.

Milhares de idéias passam pela sua cabeça. Com aquela quantia de dinheiro, você poderia fazer praticamente tudo o que pode pensar – comprar um terreno, construir edifícios, contratar pessoal, pagar dívidas, custear viagens missionárias, dar início a um *campus* regional.

garantia

Seria ótimo se você pudesse olhar seu amigo nos olhos e dizer:

– Sei exatamente como investir esse dinheiro para garantir o maior impacto a favor do Reino.

Mas todos nós sabemos que não podemos garantir isso. Só a idéia já é loucura.

Deus – e somente Deus – muda uma vida humana

Por quê?

Porque sabemos que Deus – e somente Deus – muda uma vida humana. Como nos é ensinado em Filipenses 2.13: "É Deus quem efetua em vocês tanto o querer quanto o realizar, de acordo com a boa vontade dele". Seus métodos são misteriosos e impenetráveis e são únicos para cada pessoa. A maneira com que Deus agiu para mudar minha vida é diferente de como ele trabalhou para mudar a sua.

Voltemos, entretanto, à doação de um milhão de dólares. Imagine que não existisse nenhuma "cláusula de garantia" anexa, que seu novo amigo apenas colocasse o cheque sobre a mesa e dissesse:

– Aplique-o com sabedoria.

O que você faria com o dinheiro?

A DURA REALIDADE

Se você é como eu, faria o que os líderes de igrejas vêm fazendo há gerações: custearia diversos programas e atividades eclesiásticos que sinceramente acredita serem capazes de ajudar o povo a crescer espiritualmente.

Em seguida, você incentivaria tantas pessoas quantas possíveis a se envolver nesses programas e atividades, crendo que uma participação maior significa que os perdidos serão alcançados e

Ilustração 1-1: Muitas igrejas trabalham com um modelo semelhante a este: quanto mais uma pessoa distanciada de Deus participa das atividades da igreja, mais provavelmente essas atividades resultarão numa pessoa que ama a Deus e ao próximo.

que os cristãos estão crescendo (v. a ilustração 1-1: "Modelo de atividade da igreja para crescimento espiritual"). Reciprocamente, o decréscimo na participação significaria que os perdidos não estão sendo alcançados e os cristãos não estão crescendo espiritualmente.

Façamos uma pausa para refletir sobre essa idéia. O aumento da freqüência a programas ministeriais equivalem *automaticamente* a crescimento espiritual?

Honestamente: Não.

O número de freqüentadores ajuda a determinar se as pessoas gostam do que você está fazendo. Se gostam do que está acontecendo, então participam. (No entanto, se não gostam do que está acontecendo, optam por não participar.) Talvez gostem da música ou apreciem a maneira pela qual você ajuda os filhos delas. Talvez estejam fazendo novos amigos. Talvez apreciem as oportunidades de ajudar os outros.

A esperança é que, seja o que for que as atraia, isso as esteja ajudando a experimentar o poder transformador de Deus como resultado para crescer espiritualmente.

No entanto, o fato é que o número de freqüentadores, por si só, não constitui dado suficiente para nos informar, sem sombra de dúvida, se as atividades da igreja estão realmente ajudando as pessoas a crescer espiritualmente. A freqüência é um indicativo de que algo está funcionando, mas não diz tudo.

Eis o problema.

Quando se trata de números, nós, líderes, tendemos a acreditar que a freqüência é a única informação que precisamos considerar. Torna-se uma equação simples: *aumento de freqüência = crescimento espiritual.*

Não seremos maus líderes se pensarmos dessa forma; o problema é que não temos outra maneira prática de medir o crescimento espiritual. É bem mais fácil contar cabeças que medir as mudanças do coração. Acredite em mim, eu sei.

É bem mais fácil contar cabeças que medir corações.

Analisando meus dezesseis anos na liderança da Willow Creek, percebo que os números evoluíram de forma regular. A liderança da qual faço parte tem visto o número de freqüentadores da igreja crescer em mais de 50%. A participação em pequenos grupos cresceu em torno de 500%, e testemunhamos um aumento substancial no número de membros que ajudam os pobres.

Vejo números cada vez maiores, no entanto, vejo mais que números. Sei que Deus está agindo em nosso ministério porque vejo vidas transformadas – e ouço não poucas histórias de como Deus está usando nossa igreja para fazer diferença em muitas vidas.

Ao final da maioria dos dias, sinto-me entusiasmado pelo que vejo e por perceber o quanto sou privilegiado por participar dessa obra como líder. Sinto que segui a direção de Deus, e ele tem sido fiel em mostrar à nossa equipe o que devemos fazer.

Entretanto, há noites em que me deito na cama e fico pensando.

Fico pensando se não poderíamos fazer algo diferente ou melhor. Fico pensando se estamos investindo o tempo e o dinheiro do povo da maneira mais produtiva. Fico pensando se estamos realmente fazendo diferença. Fico pensando se minha motivação está mais nos números ascendentes e menos no crescimento dos corações. Afinal, se os números estão aumentando, então todo o meu esforço e todo o meu sacrifício não estão sendo em vão.

Certo?

ENCONTRANDO UM MEIO DE MEDIR CORAÇÕES

Uma das histórias favoritas de meus filhos (e minha também) é *Como o Grinch roubou o Natal*,[1] do Dr. Seuss. Se você conhece a história,

[1] Trad. Lavínia Fávero, Gisela Moreau e Mônica Rodrigues da Costa, São Paulo: Companhia das Letras, 2000.

poderíamos fazer algo diferente ou melhor?

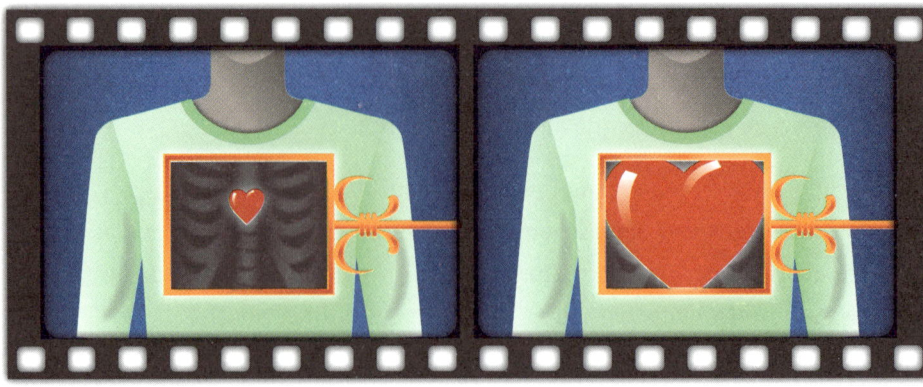

lembrará que Grinch é mal-humorado. Ninguém realmente sabe por que ele é assim, mas o narrador nos leva a acreditar que talvez seu coração seja duas vezes menor.

Como temos certeza disso? Bem, no filme, há uma tela mágica de raios X que nos mostra que de fato o coração de Grinch *é* duas vezes menor. Felizmente, esse não é o fim da história. Depois de praticar muitas más ações contra a cidade de Whoville (e à pobre Cindy Lou Who), Grinch tem uma experiência de mudança de vida. Conseguimos *ver* essa mudança em seu coração. Graças, mais uma vez, àquela tela mágica, constatamos que o coração dele aumentou em três vezes naquele dia de Natal!

Acreditamos ter descoberto uma nova ferramenta capaz de ajudá-lo a elaborar um quadro mais nítido do coração de seu povo.

Se tivéssemos acesso ao laboratório do Dr. Seuss, poderíamos medir também a mudança no coração dos membros da igreja, para ver se estão crescendo em relação a Deus e ao próximo. Teríamos condições de analisar o que a igreja está fazendo para ajudar no processo de crescimento espiritual. Encontraríamos meios de gastar melhor nosso tempo e nossos recursos. Saberíamos quais ministérios iniciar, mudar e encerrar, tudo de uma vez. Saberíamos, sem sombra de dúvida, se estamos realmente fazendo diferença.

Teríamos ainda total confiança na hora de aplicar uma oferta de um milhão de dólares. Não precisaríamos oferecer garantias (só Deus pode fazer isso) e dormiríamos muito melhor à noite, sabendo que fomos despenseiros fiéis daquela oferta.

É lamentável não termos uma máquina de raios X como a do Dr. Seuss para descobrir se nosso trabalho na igreja está *realmente* fazendo diferença.

Talvez isto o surpreenda, mas acho que descobrimos algo ao longo destas linhas. Não, não tivemos acesso ao laboratório do Dr. Seuss, mas acreditamos ter descoberto uma nova ferramenta capaz de ajudá-lo a elaborar um quadro mais nítido do coração de seu povo.

Soa estranho? Nas páginas seguintes, revelaremos a você como descobrimos essa ferramenta e, e seguida, trataremos dos resultados. Continue lendo!

Greg L. Hawkins

DESC

2 O QUE ACONTECEU QUANDO A WILLOW PERGUNTOU: "ONDE ESTAMOS?"

DESCOBERTAS SURPREENDENTES QUE IMPULSIONARAM A WILLOW

“E agora?”

PRECISANDO ESTABELECER UM NOVO CURSO ESTRATÉGICO, a Willow Creek começou a perguntar: “Onde estamos?”. A igreja obteve uma compreensão mais profunda da resposta para essa pergunta utilizando um método único de pesquisa. Os resultados foram surpreendentes.

2

O QUE ACONTECEU QUANDO A WILLOW PERGUNTOU: "ONDE ESTAMOS?"

O ministério é, com freqüência, uma batalha difícil. Você dedica a vida em obediência ao chamado de Deus, mas as batalhas do dia-a-dia fazem-no pensar qual caminho o levará para cima. Assim, há momentos em que você sente um contato tão direto da mão de Deus com seu ministério que imagina ter sido *isso* que Moisés experimentou no cume do monte, na presença de Deus. Claro, existem aqueles momentos em que uma linha muito tênue separa as experiências no cume do monte das batalhas difíceis!

Sabíamos que era a hora de apresentar um planejamen estratégico

No outono de 2003, a Willow vivia uma temporada no cume do monte. Estávamos a um ano da inauguração de um auditório de 7.200 lugares. Contudo, eu sabia que, passada a animação do grande ato inaugural (e o povo começasse a selecionar mentalmente os lugares em que gostariam de sentar), logo viria a pergunta: "E, agora, como vamos usar este belo espaço para alcançar nossa comunidade e causar impacto no mundo?". Pelo fato de haverem se sacrificado e doado dezenas de milhões de dólares para a causa, a pergunta deles me parecia bastante razoável.

Antecipando-nos à pergunta, sabíamos que era o momento de apresentar um planejamento estratégico. Precisávamos compreender o que Deus queria que nossa igreja fizesse nos anos seguintes, e o planejamento estratégico é uma ferramenta útil, que já nos servira em outros tempos. Por isso, fomos em frente, envolvendo a equipe administrativa, os presbíteros e a diretoria num processo altamente cooperativo.

três perguntas

Ao fazermos o planejamento estratégico, descobri que ele é útil para organizar o nosso trabalho em torno de três questões simples, mas profundas:

- *Onde estamos?*
- *O que vemos?*
- *Como vamos chegar lá?*

Antes de olhar para o futuro, precisávamos um passo atrás e dizer a verdade para nós mesmos.

Onde estamos? Antes de olhar para o futuro, precisávamos dar um passo atrás e dizer a verdade a nós mesmos sobre a situação de nossa igreja e de nossa comunidade. Precisávamos nos agarrar a respostas honestas para perguntas como: "Estamos cumprindo nossa missão a contento? Por que o povo está vindo à igreja? Por que está nos deixando? Qual a habilidade que nos distingue – o que fazemos de melhor? Qual a real situação de nossas finanças e de nossas instalações? Quais as necessidades mais urgentes de nossa comunidade e das comunidades ao redor?". Precisávamos definir nossa **realidade**.

O que vemos? Especificamente, precisávamos perguntar: "Como vemos nosso futuro? O que sentimos que Deus quer fazer por intermédio de nossa igreja nos próximos cinco anos? Que quadro do futuro inflama a paixão de todos?". Precisávamos de uma **visão** clara.

Como chegar lá? Somente depois de ficar claro para nós qual era nossa realidade e nossa visão, pudemos responder a essa questão. Precisávamos determinar ações específicas que nos ajudassem a preencher a brecha em que nos encontrávamos e nos levassem aonde queríamos chegar. Precisávamos definir estratégias e declarar nossas prioridades para alocar os recursos com sabedoria. Precisávamos de um **plano de ação**.

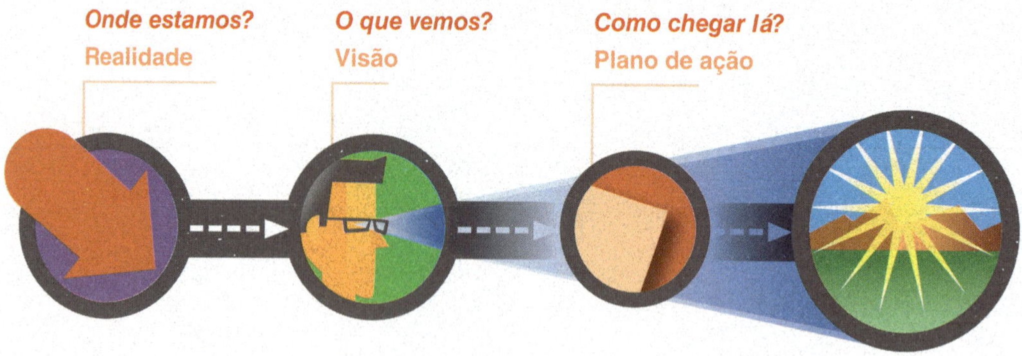

ESCLARECENDO AS COISAS

Assim, começamos com a primeira pergunta: "Onde estamos?", a fim de nos situarmos quanto ao que realmente acontecia em nossa igreja. Para responder adequadamente à pergunta, sabíamos que juntar as melhores opiniões sobre o que funcionava em nossa igreja não era o bastante. Precisávamos de uma pesquisa na igreja.

Começa com a primeira pergunt "Onde estamos para nos situarmo quanto a que esta realment acontece em noss igreja.

Fizemos nossa primeira pesquisa em 1992, repetindo-a a cada três anos, mais ou menos, para obter todas as informações. Queríamos saber por que as pessoas vinham à nossa igreja. Queríamos saber com quais programas e atividades elas se envolviam. Queríamos saber onde viviam, para que pudéssemos avaliar a extensão do impacto sobre as várias comunidades ao redor.

Com o passar dos anos, os fatos revelados pelas pesquisas moldaram – e remodelaram – nosso pensamento, influenciando diretamente nossos planos. Por exemplo, em 1995 descobrimos que um terço da igreja dirigia mais de trinta minutos para vir aos nossos cultos. Ficamos sabendo que eles não estavam convidando os vizinhos nem os amigos descrentes para os cultos, tampouco estavam engajados em ministérios estratégicos. Basicamente, descobrimos que mais de 30%

eram alheios à missão de transformar os não-religiosos em seguidores dedicados de Jesus Cristo.

A instigante visão dessa realidade forçou-nos a fazer algumas perguntas difíceis: "Implantamos novas igrejas mais perto de onde elas moram? Aconselhamos a que freqüentem uma igreja mais perto de onde moram? Não fazemos nada, contentando-nos com o fato de estarem freqüentando uma igreja?". Não havia respostas fáceis, por isso nos debatemos com a questão durante anos. Finalmente, em 2000, pusemos em prática uma estratégia regional de ministério, que até agora resultou em quatro novas propriedades com uma freqüência média de mais de 5 mil pessoas que hoje contam com uma igreja mais perto de casa. Sem aquela pesquisa, estou convencido de que nosso planejamento estratégico jamais teria tomado esse rumo.

UMA NOVA DESCOBERTA, UM NOVO MÉTODO

Isso nos remete ao outono de 2003, com um novo auditório surgindo em nosso estacionamento e a necessidade de uma nova visão se tornando cada vez mais evidente. Eu sabia que precisávamos de uma pesquisa para pôr em prática nosso planejamento estratégico. Aquele tipo de pesquisa não era novidade para mim, e eu pensava já saber quais seriam os resultados, mas Deus tinha algo – ou melhor, alguém – muito diferente preparado para mim.

"Há algo mais ntecendo em seu inistério que você acha que u deveria saber?"

Um dia, eu estava encerrando uma reunião com Cally Parkinson, nossa nova diretora de comunicações, e decidi fazer-lhe uma última pergunta antes de ela sair de meu escritório. Em razão das múltiplas questões ministeriais que exigiam minha atenção, era difícil estar a par de tudo o que estava acontecendo. Eu aprendera que, de repente, podia deparar com algo importante fazendo a simples pergunta: "Há algo mais acontecendo em seu ministério que você acha que eu deveria saber?".

Cally respondeu:

– De fato, há.

Ela me disse que, quando era executiva na Allstate Insurance, havia contratado os serviços de consultoria de Eric Arnson. A pesquisa inovadora de Eric ajudou a Allstate a compreender o que se passava no coração e na mente de seus clientes e dos clientes potenciais. Cally contou-me que Eric acabara de sair da McKinsey & Company, uma firma de consultoria da qual fora sócio. Passei cinco anos na McKinsey antes de entrar para a Willow, por isso fiquei interessado.

– Talvez Eric possa nos ajudar em nossa pesquisa – disse Cally.

Aquela sugestão valeu para a vida toda.

Confiando na excelente experiência de Eric, começamos o que se tornaria um processo de três anos de estudo e pesquisas, que incluía:

- Uma análise do ano de 200 com base em pesquisas realizadas com 6 mil pessoas que freqüentavam a Willow Creek.
- Uma análise do ano de 2004 com base em pesquisas realizadas com 300 pessoas que haviam saído da Willow Creek no ano anterior.
- Uma análise do ano de 2007 com base em pesquisas realizadas com 5 mil pessoas que freqüentam a Willow Creek e outras seis igrejas nos Estados Unidos. Essas igrejas representam uma pequena amostra de todas as igrejas, mas abrangem tanto igrejas independentes quanto denominacionais e representam diversidade geográfica, etária e cultural.
- Mais de 120 entrevistas (realizadas em 2004 e 2007), nas quais examinamos a vida espiritual dos entrevistados.

- Estudos bíblicos e mais de cem livros e artigos sobre formação espiritual e desenvolvimento humano.
- Consulta com especialistas na área de crescimento espiritual.

O método singular de Eric permitiu-nos cavar muito mais fundo do que até então havíamos conseguido com nossos procedimentos tradicionais. (Para mais informações, v. a seção "É possível medir o coração?", p. 26.) Como resultado, fatos inéditos vieram à tona. Na verdade, os resultados foram tão surpreendentes que tivemos de desacelerar consideravelmente a execução de nosso planejamento estratégico, de modo que pudéssemos assimilar as descobertas.

pesquisa nos fez repensar tudo a speito do ue é uma igreja

Durante três anos, dedicamo-nos em todos os níveis de liderança processando os dados revelados na pesquisa. Ela nos fez repensar *tudo* a respeito do que uma igreja é. Fomos impelidos a analisar as conclusões da pesquisa e constatamos que eram sólidas.

Nas páginas seguintes, compartilharemos com você o que descobrimos. Cremos ser algo importante demais para que o guardemos só para nós.

E pensar que tudo começou com a pergunta: "Onde estamos?"!

queremos compartilhar o que descobrimos

Eric Arnson

É possível medir o coração?

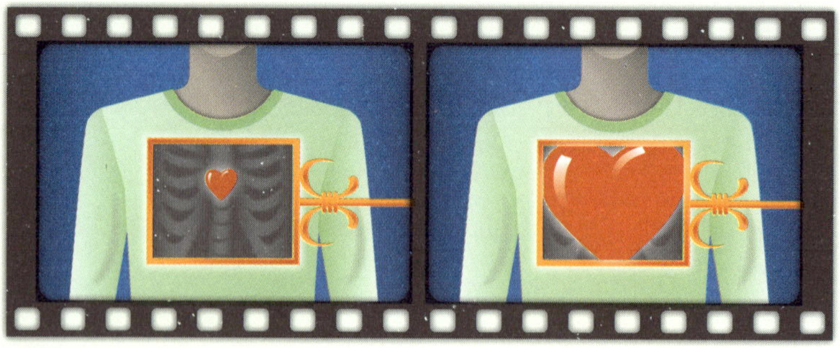

Na qualidade de especialista em pesquisa ao consumidor, dedico-me à busca de esclarecimentos junto aos consumidores para aumentar a venda de produtos. Utilizo métodos científicos para enxergar além das características superficiais (gênero [feminino ou masculino], raça, idade, renda). Em vez disso, exploro questões mais profundas — emoções, motivações e necessidades — que levam consumidores a escolher um produto, não outro. Em outras palavras, meço as realidades invisíveis, ou intangíveis, que fazem as pessoas comprarem determinados produtos.

Quando Greg expressou o desejo de ter uma ferramenta que pudesse medir o coração (como a máquina de raios X de Grinch), ele estava falando desse método de pesquisa concentrado nas emoções e atitudes das pessoas. No mercado, descobrimos que olhar para o consumidor através desse tipo de lentes é muito mais proveitoso que a mera demografia, pois permite uma análise mais precisa daquilo que nós, pesquisadores, chamamos "previsibilidade".

Previsibilidade equivale à previsão máxima em graus de como alguém se comporta diante de um novo produto e quais as chances de vir a experimentá-lo. É algo lógico. Aquilo que as pessoas ***sentem*** a respeito de alguma coisa influencia seu modo de ***agir***. As medidas usadas são auto-explicativas. Indagamos a intensidade do sentimento dos consumidores a respeito de algo medindo a força de suas respostas (por exemplo: ***concordam plenamente***, ***concordam***, ***discordam***). Em nossa pesquisa sobre crescimento espiritual, perguntamos o que os cristãos sentiam a respeito de declarações como "Amo a Deus mais que tudo" e "Tenho muito amor pelas pessoas que conheço e pelas que não conheço". O objetivo era medir o nível do comprometimento emocional em relação à fé.

Entretanto, medir emoções e atitudes (a intensidade do sentimento em relação às coisas) não é o que torna singular esse trabalho. O que torna esse método tão eficaz é que podemos comparar e correlacionar reações de atitudes (como as que acabamos de mencionar) com reações comportamentais. Em nossa pesquisa sobre crescimento espiritual, fizemos perguntas comportamentais às pessoas a respeito de coisas como servir na igreja, estudos bíblicos, freqüência aos cultos e a pequenos grupos, oração, momento devocional. Perguntamos até mesmo o papel da Internet na vida espiritual.

A alta correlação entre atitude e comportamento é chamada "previsibilidade". Em nosso trabalho sobre crescimento espiritual, estávamos à caça de atitudes e comportamentos que formassem um conjunto de "segmentos" (grupos de pessoas que apresentam características comuns) com relação direta entre si. Em seguida, olhamos através das mesmas lentes para outro conjunto de questões importantes a respeito do que os cristãos esperam da igreja local. Por exemplo, pedimos que avaliassem o nível de satisfação com a igreja em resposta a declarações como "Ela me ajuda a entender a Bíblia com mais profundidade" ou "Ela me ajuda a me sentir parte disso". Com base nas respostas, estávamos prontos para desenvolver talvez a mais crítica de todas as descobertas — a compreensão do que os cristãos *precisam* para crescer na vida espiritual.

Essa foi a fórmula para a nossa versão da máquina de raios X de Grinch: atitudes/emoções + comportamentos = segmentos de pessoas com necessidades singulares. Depois de saber com certeza o que cativa a mente e o coração das pessoas, a capacidade de a igreja de fazer escolhas estratégicas eficientes na utilização do tempo e dos recursos aumentará drasticamente.

escolhas eficientes

O quadro a seguir mostra um exemplo decorrente de mercado e um exemplo relacionado à igreja, de modo a facilitar a compreensão desse conceito.

Em nosso trabalho contínuo sobre crescimento espiritual, o propósito é ir além da simples compreensão das necessidades específicas de segmentos individuais. Esperamos identificar oportunidades para novas iniciativas da igreja e atividades ministeriais destinadas a ***catalisar o crescimento*** ao longo de nossa jornada espiritual. Há uma diferença fundamental entre os objetivos da igreja e as metas de um negócio. No mercado, o objetivo é encontrar um grande segmento-alvo e servi-lo bem. Na igreja, queremos fazer o possível para levar um segmento em crescimento espiritual a dar o próximo passo.

adro 2-1 **Medindo o coração no mercado e na igreja**

) SEGMENTO	ATITUDES/EMOÇÕES + COMPORTAMENTOS	NECESSIDADES EM POTENCIAL	NECESSIDADES MAL ATENDIDAS OU NÃO-ATENDIDAS
n consumidor mercado: por emplo, um eta amador dicado	Importa-se muito com o que ele/ela come e bebe Quer maximizar, não comprometer, o desempenho atlético com o que ele/ela come e bebe.	Repor líquidos para sustentar a performance durante eventos esportivos	Bebida saudável que possibilite alto desempenho
n indivíduo igreja: por emplo, um stão dedicado	Gosta de servir como voluntário; vê o serviço como forma de vida Sente imenso amor por Deus e pelo próximo	Uma variedade de oportunidades desafiadoras para servir	Oportunidades de treinar ou ajudar outros cristãos em sua jornada espiritual

DESC

3 O QUE DESCOBRIMOS

SEIS DESCOBERTA
ANIMADORAS QU
MUDARÃO SU
MANEIRA DE PENSA

3 anos

O RESULTADO DE TRÊS ANOS DE PESQUISA para medir como as pessoas crescem espiritualmente revelou muito a respeito da trilha que seguem em sua jornada espiritual, das necessidades únicas que enfrentam ao longo do caminho e de como a igreja tem atendido — e deixado de atender — a essas necessidades. Seis descobertas animadoras forneceram o trampolim para que as igrejas reconsiderem suas estratégias ministeriais.

2,6 millhões de dados

3

O QUE DESCOBRIMOS?

A meta da nossa pesquisa era assustadora, mas simples. Queríamos encontrar evidência de crescimento espiritual nos cristãos e, em seguida, descobrir que tipo de atividade ou circunstância acionaram esse crescimento.

Queríamos encontrar evidência c crescimen espiritual n pessoas e, em seguid descobrir que tipo de atividade o circunstân acionaram esse crescimen

Crescente amor a Deus e ao próximo foi nossa definição de crescimento espiritual. Baseamos essa definição nos dois grandes mandamentos citados por Jesus: " 'Ame o Senhor, o seu Deus de todo o seu coração, de toda a sua alma e de todo o seu entendimento'. Este é o primeiro e maior mandamento. E o segundo é semelhante a ele: 'Ame o seu próximo como a você mesmo' " (Mateus 22.37-39). Nossa interpretação é que o crescimento espiritual ocorre quando cresce o amor de alguém por Deus e pelo próximo.

Na busca de nosso objetivo, levamos três anos digerindo a pesquisa e a análise baseada em 2,6 milhões de dados extraídos de mais de 11 mil formulários preenchidos. Os dados foram obtidos na Willow Creek e em mais seis igrejas, que diferem quanto à localização geográfica e ao tamanho: de grandes igrejas na Flórida e na Califórnia a igrejas de regiões afastadas em Illinois, Ohio e Texas, sendo a menor uma igreja afro-americana no Michigan. Esse grupo é constituído de igrejas denominacionais, independentes e do tipo "sensíveis ao interessado".

11 mil formulários

COMO COMEÇAMOS

O primeiro passo em qualquer projeto de pesquisa é desenvolver uma hipótese – uma teoria sobre o que pensamos que descobriremos. Muito parecido com um bom detetive, o pesquisador procura pistas em muitos lugares diferentes para definir a direção do trabalho. As hipóteses ajudam a determinar as perguntas a serem feitas e orientam a análise dos dados.

Desenvolvemos nossa hipótese com base em dados de estudos anteriores realizados na Willow Creek, além de informações de mais de 120 entrevistas particulares com pessoas que freqüentavam a igreja. Avaliamos também as tendências no mundo eclesiástico, como a crescente popularidade das igrejas pós-modernas e o movimento que oferece cultos separados para o interessado e para o cristão.

De posse de todas essas informações e análises básicas, começamos a pesquisa orientados por três hipóteses:

1. Existe uma trilha de migração para o crescimento espiritual baseada nas atividades da igreja.
2. A ferramenta mais eficiente de evangelização é uma conversa espiritual.
3. Os relacionamentos espirituais são os condutores-chave do crescimento espiritual.

avaliamos tendências

Hipótese 1: Existe uma trilha de migração para o crescimento espiritual baseada nas atividades da igreja.

Formulamos a hipótese de que o crescimento espiritual depende da crescente participação nas atividades da igreja, como pequenos grupos, serviço, cultos de meio da semana para cristãos (além de cultos de fins de semana, também para interessados) e estudo bíblico em grupos. Nossa hipótese, portanto, era que quanto mais a pessoa se envolve com a igreja, mais perto está de Cristo. Suspeitamos também que havia duas barreiras principais ao crescimento espiritual: conflito de tempo/horário, que impedia a participação nas atividades da igreja, e certa ineficiência nos pequenos grupos.

Nossa hipótese era que quanto m[...] a pessoa envolve c[...] a igreja m[...] perto est[...] Cristo.

Hipótese 2: A ferramenta mais eficiente de evangelização é uma conversa espiritual.

A entrevista individual levou-nos à hipótese seguinte: ter conversas de conteúdo espiritual com os interessados é a estratégia mais eficiente para o evangelismo pessoal, e há muitos estilos de comunicação que funcionam no trabalho evangelístico. Acreditávamos que a ênfase nas conversas espirituais e o reconhecimento dos diversos estilos evangelísticos aumentariam o interesse da igreja em alcançar os interessados.

Hipótese 3: Os relacionamentos espirituais são os condutores-chave do crescimento espiritual.

A pesquisa anterior indicava que as pessoas buscavam nos pequenos grupos relacionamentos espirituais mais profundos. Entretanto, constatamos nas entrevistas individuais que as pessoas sentiam que algo estava faltando na experiência com esses grupos. Sabíamos que precisávamos compreender melhor a eficácia dos pequenos grupos em atender essa necessidade de conexão.

niciamos uma pesquisa letrônica baseada nos mais ançados todos de esquisa poníveis

Orientados por essas três hipóteses, iniciamos uma pesquisa eletrônica baseada nos mais avançados métodos de pesquisa disponíveis. Acrescente-se a isso o extenso trabalho qualitativo (entrevistas pessoais detalhadas), um projeto de pesquisa profissional e a análise de dados pela maior firma mundial de pesquisa de comportamento do mercado. Além disso, por meio dos contatos de Eric, conseguimos nos beneficiar das análises independentes de vários veteranos em pesquisa, além de uma avaliação feita por um grupo de pesquisa internacional.

Estamos a ponto de mergulhar nos resultados da pesquisa, mas mantenha essas três hipóteses em mente, porque voltaremos a elas para saber se são válidas ou não.

O QUE NÃO DESCOBRIMOS

Antes de revelar o que descobrimos, é importante registrar três observações cruciais a respeito do que *não* descobrimos.

Observação 1

O gênero (masculino/feminino) *não* tem impacto algum no crescimento espiritual. Tínhamos um preconceito feminino na amostra, o que significa que participaram mais mulheres que homens; no entanto, as diferenças de respostas entre pessoas do sexo masculino e as do feminino a quase todas as questões da pesquisa foram surpreendentemente pequenas. Isso significa que as descobertas da pesquisa estatisticamente se aplicam igualmente a homens e a mulheres.

Observação 2

A idade *não* parece ter impacto significativo sobre o crescimento espiritual. Respostas de pessoas com idade entre 19 e 60 anos, com exceção de algumas pequenas diferenças, eram muito semelhantes. Isso significa que as descobertas da pesquisa indicam que o caminho para a maturidade espiritual não tem correlação com a idade.

Observação 3

O padrão de crescimento espiritual *não* difere significativamente por igreja. Isso significa que o padrão de crenças, atitudes e comportamentos que marcam a caminhada espiritual é semelhante em todas as igrejas. Apesar de termos pesquisado apenas sete igrejas, a estabilidade desse padrão é uma descoberta fundamental, que trará maiores revelações à medida que analisarmos as seis descobertas.

O padrã de crenç atitudes compor mentos marcam caminh espiritu semelha em toda igrejas.

O QUE DESCOBRIMOS: SEIS DESCOBERTAS

Fizemos seis descobertas importantes com base nos dados, a começar com uma que realmente nos pegou de surpresa.

1. O envolvimento nas atividades da igreja não prediz nem impõe o crescimento espiritual duradouro, mas existe uma "escalada espiritual" previsível e poderosa.

Chegamos à conclusão de que as atividades da igreja não impõem o crescimento espiritual porque estávamos procurando uma estrutura capaz de prever níveis crescentes de concordância com declarações como estas:

Eu amo a Deus acima de todas as coisas.

Procuro a orientação de Deus para todas as áreas da minha vida.

Tenho muito amor pelas pessoas que conheço e pelas que não conheço.

...erávamos ...ontrar um ...onamento ...ear direto.

Quando comparamos níveis superiores e inferiores de participação nas atividades da igreja com essas declarações e com os comportamentos espirituais relacionados (como evangelismo e serviço), esperávamos encontrar um relacionamento linear direto. Em outras palavras, se o envolvimento crescente da igreja estivesse diretamente ligado ao crescimento espiritual, teríamos um quadro parecido com este:

Isto é o que teríamos se a atividade da igreja impusesse o crescimento espiritual

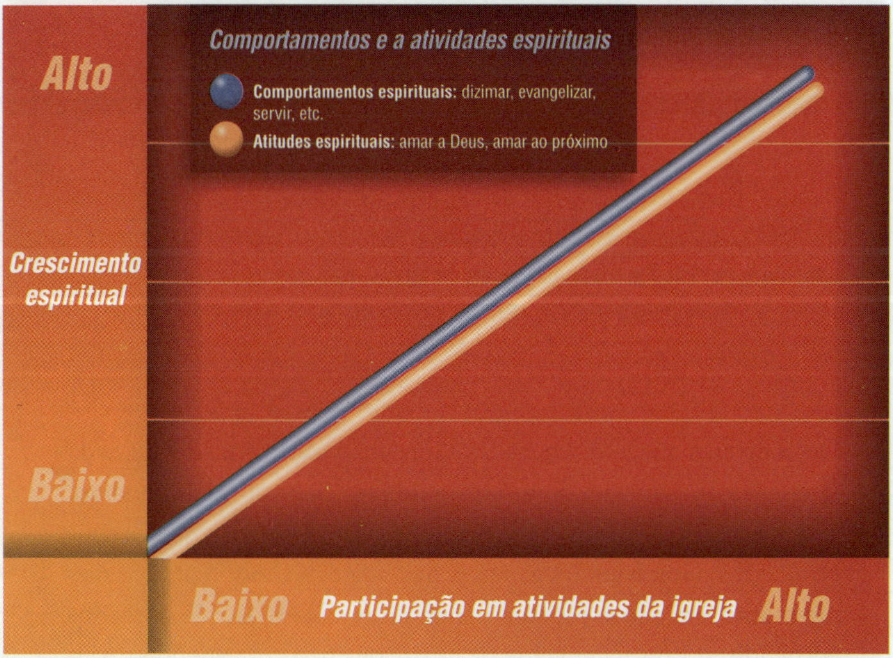

Quadro 3-1: Se a participação crescente nas atividades da igreja (como freqüência aos cultos e participação em pequenos grupos) impusesse o crescimento espiritual, veríamos uma correlação linear direta (mostrada acima) entre os níveis baixo-médio-alto de participação e baixo-médio-alto de crescimento espiritual.

Nosso quadro, porém, mostrou algo semelhante a isto:

Com base nos resultados da pesquisa, a conexão entre participação em atividades da igreja e crescimento espiritual parece ser limitada

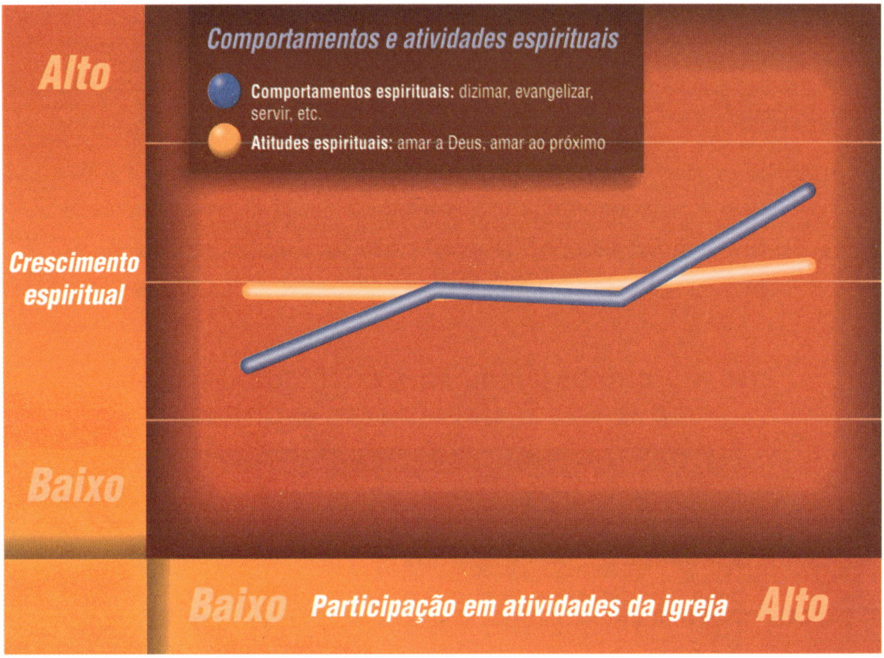

Quadro 3-2: A pesquisa mostrou algum progresso nos comportamentos espirituais à medida que aumenta a participação nas atividades da igreja, mas bem pouca correlação entre os níveis baixo-médio-alto de participação e o aumento de "amar a Deus e amar ao próximo".

Descobrimos que níveis mais altos de participação em atividades da igreja *não* prenunciam amor crescente por Deus ou pelo próximo. Não interprete isso de forma errônea, pois não significa que os mais envolvidos nas atividades da igreja não amem a Deus. Significa simplesmente que não expressam maior amor a Deus do que os menos envolvidos. O nível crescente de atividades não corresponde necessariamente a um prognóstico de crescente amor a Deus.

descobrimos o que chamamos de "escalada espiritual"

Descobrimos que o envolvimento na igreja influencia de certa forma o comportamento do cristão, o que significa que quanto mais pessoas participam das atividades da igreja, provavelmente mais pessoas servem, dizimam e assim por diante. Níveis mais altos de participação, porém, não parecem garantir o crescimento espiritual, quando definido como "crescente amor a Deus e ao próximo".

alcançou
nível bem
s elevado
epois que
olhamos
ravés das
lentes do
onamento
om Cristo.

As atividades na igreja, por si mesmas, não causam impacto direto no crescimento de atitudes do coração, conforme indicam nossas três declarações. Tratava-se de uma linha praticamente contínua. Foi uma descoberta que nos surpreendeu.

Entretanto, quando perguntamos às pessoas (de muitas maneiras diferentes) como descreviam sua vida espiritual, descobrimos o que chamamos "escalada espiritual", com alta previsão de crescimento espiritual (v. o quadro 3-3). De fato, nossos especialistas em pesquisa disseram-nos que esse era um dos modelos de *maior previsibilidade* que haviam visto. Isso significa que todos os comportamentos, atitudes e convicções relacionados a um crescente amor a Deus e ao próximo que medimos (por exemplo, crescimento espiritual) avançaram lado-a-lado com essa escalada, a qual se concentra não nas atividades da igreja, mas num crescente relacionamento com Jesus Cristo.

Tudo – da oração diária à leitura bíblica, de servir a evangelizar e, mais importante, de amar a Deus a amar ao próximo – alcançou um nível bem mais elevado depois que olhamos através das lentes do relacionamento com Cristo (v. o quadro 3-4, p. 38; v. tb. a seção "Um olhar mais atento aos quatro segmentos na escalada espiritual", p. 39).

Uma escalada espiritual surgiu da pesquisa

Conhecendo o cristianismo

"Creio em Deus, mas não estou certo a respeito de Cristo. Minha fé não é parte significativa de minha vida."

Crescendo em Cristo

"Creio em Jesus e estou buscando saber o que significa conhecê-lo."

Perto de Cristo

"Sinto-me realmente perto de Cristo e dependo de sua orientação diária."

Centrado em Cristo

"Deus é tudo de que preciso em minha vida. Ele me basta. Tudo que faço é um reflexo de Cristo."

Quadro 3-3: Essa estrutura surgiu como o qua mais *previsível* de como as pessoas cresc espiritualmente.

A escalada espiritual prevê crescimento espiritual

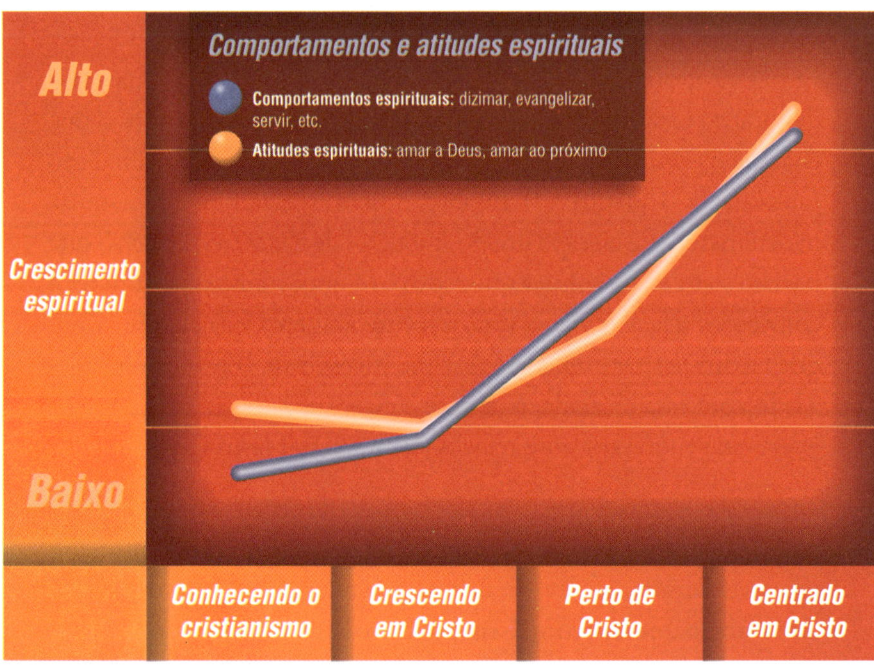

Quadro 3-4: As linhas acima mostram a estreita correlação entre os níveis baixo-médio-alto do crescimento espiritual (comportamentos e atitudes espirituais) e os quatro segmentos da escalada espiritual.

Conhecendo o cristianismo

Esses cristãos estão dando os primeiros passos no crescimento espiritual e são caracterizados por níveis significativamente baixos de concordância com declarações de fé como: "Creio que a salvação ocorre somente por intermédio de Jesus Cristo".

Atitudes/comportamentos

- Não envolvem Deus em sua vida diária.
- Consideram a Bíblia irrelevante.
- Precisam de ajuda para interpretar assuntos espirituais.
- Buscam a Deus somente nos momentos de necessidade.
- Não servem na igreja.

Necessidades

- Cultos para interessados em conhecer mais.
- Oportunidades de conexão com outras pessoas.

...s os que ...caixam ... desses ...mentos ...strarão ...sencial-mente ...mporta-mentos, ...vidades ...titudes ...irituais ...ênticos.

Essa descoberta é tremendamente importante. O fato de essa escalada ser bastante previsível significa que podemos contar que todos os que se encaixam num desses segmentos mostrarão essencialmente comportamentos, atividades e atitudes espirituais idênticos. Mais importante, significa que, *se* conhecermos a motivação a passagem de um segmento a outro, poderemos tomar decisões mais bem informadas a respeito de quais iniciativas ministeriais serão mais eficazes para ajudá-los a avançar ao longo da escalada – tanto para o crescimento individual quanto para o impacto do Reino como um todo.

2. O crescimento espiritual está diretamente relacionado à crescente intimidade com Cristo.

Começamos nossa pesquisa por esses "gatilhos" – ou o que Eric chama "condutores e barreiras" – do crescimento espiritual, observando que

Crescendo em Cristo

Os novos cristãos estão crescendo na fé por meio de experiências na igreja. Começam também a incorporar práticas espirituais pessoais em sua rotina fora do ambiente da igreja.

Atitudes/comportamentos

- Estão descobrindo a fé.
- Precisam de ajuda para interpretar assuntos espirituais.
- Dispõem-se a participar de pequenos grupos.
- Alguns servem na igreja.
- Às vezes, lêem a Bíblia ou livros cristãos.

Necessidades

- Oportunidades em pequenos grupos.
- Práticas espirituais pessoais básicas.

Perto de Cristo

Esses cristãos demonstram níveis mais elevados de práticas espirituais pessoais que os segmentos anteriores. O serviço é uma importante expressão de sua fé. A medida que sua devoção a Cristo cresce, eles se mantêm firmes num compromisso integral.

Atitudes/comportamentos

- A Bíblia oferece-lhes orientação para a vida diária.
- A oração é fundamental na vida deles.
- Ainda não entregaram tudo a Cristo.
- Pequenos grupos são menos importantes para eles.
- Consideram importantes os amigos espirituais.
- Servem com regularidade.

Necessidades

- Oportunidades de servir.
- Práticas espirituais pessoais avançadas.

Centrados em Cristo

Esses cristãos entregaram inteirar te a vida a Cristo, como demons os níveis claramente mais elev de comportamento e de atitu espirituais apresentados no qu Eles "concordam inteiramente" procurar a orientação de Deus todas as áreas da vida — duas v mais que qualquer outro segme

Atitudes/comportamentos

- Amam a Deus mais que tudo.
- A oração é para eles uma conv constante com Deus.
- Ajudam a mentorear outras soas.
- Servir o próximo é um estil vida.

Necessidades

- Oportunidades de mento mento.
- Ampla gama de oportunid para servir.

os quatro segmentos estão definidos pela distância ou proximidade do relacionamento com Cristo. Essa segunda descoberta – que o crescimento espiritual está diretamente relacionado à crescente intimidade com Cristo – trouxe luz ao nosso trabalho analítico. (Para mais detalhes sobre o trabalho por trás da escalada espiritual, v. a seção "Como descobrimos os segmentos do crescimento espiritual", p. 41.)

Surgiu, porém, um dilema. Nossa primeira conclusão foi que as atividades da igreja não prevêem nem garantem um crescimento espiritual duradouro. Entretanto, quando se considera a primeira conclusão à luz da segunda, há potencial para alguma confusão – e para análise introspectiva. Se as atividades da igreja têm como objetivo fazer as pessoas se voltarem para Cristo e incentivá-las a crescer espiritualmente, por que parece não existir uma sólida conexão entre a participação nas atividades da igreja e o crescimento espiritual?

Cally Pakinson

Como descobrimos os segmentos do **crescimento espiritual**

Os quatro segmentos da escalada espiritual — Conhecendo o cristianismo, Crescendo em, Perto de e Centrado em Cristo — baseiam-se num relacionamento com Jesus Cristo, relatado pela própria pessoa. O relato pessoal pode suscitar questionamentos com referência à validade das descobertas. E se as informações forem falsas? Isso distorceria os resultados? Para desfazer essa dúvida, gostaria de explicar como descobrimos os segmentos da escala espiritual e também por que acreditamos que os dados de todos os segmentos são confiáveis.

Descobrimos esses segmentos analisando os dados de inúmeras formas, procurando a melhor estrutura para lançar luz sobre a maneira pela qual os cristãos crescem espiritualmente. Analisamos as atividades da igreja, os comportamentos espirituais, a demografia, os estágios da vida e muito mais.

se as informações forem lsas? Isso distorceria os resultados?

No final, nada era mais *previsível* no crescimento espiritual de uma pessoa — amar a Deus e ao próximo — que seu relacionamento pessoal com Jesus Cristo. Isso significa que praticamente nossos 2,6 milhões de dados se organizavam como reflexo direto de como os crentes expressavam seu relacionamento com Cristo, conforme refletido na escalada espiritual.

Por isso, os que pertenciam ao segmento Conhecendo o cristianismo eram os *menos promissores* para servir, dizimar, evangelizar, orar, ler a Bíblia, declarar amor a Deus e crer em Cristo. Inversamente, o segmento Centrado em Cristo foi o *mais promissor* em demonstrar esses comportamentos e atitudes. Quando os especialistas em pesquisa dizem que esse é um dos modelos de maior previsibilidade já vistos, é disto que eles estão falando: os cristãos de cada segmento relataram comportamentos e atitudes altamente solidificados.

Você pode perguntar: "E se alguém que estiver longe de Deus ou for novo em sua jornada de fé decidir representar-se mais favoravelmente, respondendo à pesquisa como se fosse Centrado em Cristo?". Em outras palavras, se ele estiver enganado acerca da verdadeira condição de sua vida espiritual, ou quiser contornar a verdade, qual a confiabilidade dos dados?

Não há nada que impeça isso de acontecer, mas é difícil. É como o estudante que cola num exame de múltipla escolha. Pode funcionar numa prova, mas ele não obterá sucesso num exame mais abrangente ou no conteúdo do semestre inteiro. Com base no conjunto de trabalhos ao longo do período letivo — questionários, interação em classe, relatórios escritos e outras avaliações —, o instrutor provavelmente saberá avaliar a verdadeira situação do estudante.

De forma semelhante, de acordo com os especialistas, um estudo como o nosso registrará menos de 5% de respostas "falsas", o que significa que menos de 5% das pessoas relatarão atitudes e comportamentos que não se alinham com o segmento ao qual alegam pertencer. Numa categoria com envolvimento emocional, como a do Crescendo, é improvável que alguém, falseando sua classificação espiritual, possa manter um padrão de respostas compatível com atitudes e comportamentos revelados em múltiplas perguntas. Vimos, de fato, alguma inconsistência em nossos dados, mas, como seu impacto é mínimo, ele não compromete a integridade geral das constatações.

Essa é a razão de estarmos convictos da confiabilidade da escalada espiritual, porque vemos um padrão poderoso e previsível de comportamentos e atitudes em todos os segmentos e percebemos uma notável conformidade e solidez nas respostas. ✦

Por que ambas as coisas não estão conectadas? A resposta pronta é que Deus nos "conectou" antes de tudo para vivermos um relacionamento crescente com ele — não com a igreja. A natureza oferece-nos uma ótima ilustração desse conceito: as aves migratórias. Essas criaturas aladas estão, de alguma forma, equipadas com um relógio e uma bússola internos que lhes dizem quando alçar vôo e aonde ir. É inspirador.

Há em todos nós um instinto apaixonado que deseja estar mais perto de Deus.

Se Deus fez um trabalho tão incrível, instalando dispositivos internos de orientação no sistema nervoso de gansos e pardais, imagine o dispositivo de orientação espiritual que ele colocou no coração humano! O mais surpreendente nessa pesquisa é que ela lança a luz brilhante da ciência sobre a verdade bíblica a que somos atraídos para buscar a Deus. Somos impelidos a preencher os espaços moldados por Deus em nosso coração, como nos ensina Eclesiastes 3.11. Ele "pôs no coração do homem o anseio pela eternidade". Há em todos nós um instinto apaixonado que deseja estar mais perto de Deus. À medida que nos aproximamos, começamos a ver uma dramática mudança em nossa maneira de viver e em nossos relacionamentos.

A pesquisa sugere que esse instinto é nutrido por dois elementos externos. O primeiro é a igreja (falaremos a respeito do segundo elemento mais adiante); contudo a maneira pela qual o papel da igreja se desenvolve na escalada espiritual pode surpreendê-lo.

3. A igreja é mais importante nos primeiros estágios do crescimento espiritual. Em seguida, seu papel muda de influência principal para influência secundária.

O papel da igreja é ajudar a nutrir um relacionamento contínuo (e crescente) com Cristo. De acordo com a pesquisa, o papel da igreja é alterado à medida que os cristãos mudam de segmento. O quadro 3-5 mostra as mudanças no papel da igreja na escalada espiritual.

A verdade bíblica: somos atraídos para buscar a Deus

O papel da igreja como influência principal no crescimento espiritual torna-se secundário à medida que o cristão avança na escalada espiritual

Conhecendo o cristianismo

- Cultos de fins de semana são extremamente importantes.
- Primeiras oportunidades de conexão são fundamentais.

Crescendo em Cristo

- Cultos de fins de semana continuam a ser importantes.
- Pequenos grupos passam a ter mais importância.

Perto de Cristo

- Cultos de fins de semana diminuem em importância.
- Reduz-se a importância dos pequenos grupos.
- O serviço ganha espaço.

Centrado em Cristo

- O principal papel da igreja é dar oportunidades de serviço.
- Servir ao necessitado é significativo.

Quadro 3-5: Descobrimos que, à medida que alguém avança na escalada espiritual, o papel da igreja é alterado, da ministração do ensino organizado e das oportunidades de união para as oportunidades de serviço.

O quadro 3-5 ilustra alguns dos fatores que levaram à descoberta de que a igreja não garante o crescimento espiritual duradouro. A igreja é extremamente importante nos primeiros estágios para os segmentos Conhecendo e Crescendo, mas suas principais atividades – como cultos de fins de semana e pequenos grupos – diminuem em importância à medida que o cristão avança na escalada espiritual. A igreja torna-se menos um lugar em que se busca desenvolvimento e relacionamentos espirituais e mais uma plataforma que oferece oportunidades de serviço. Assim, seu papel forte e destacado no desenvolvimento espiritual parece mudar para algo mais secundário à medida que os cristãos avançam para os segmentos espirituais mais centrados em Cristo.

oportunidades de **servir**

Assim, se a igreja não é a força propulsora por trás dos estágios posteriores do crescimento espiritual, o que é? Aqui entra em cena o segundo elemento externo do crescimento espiritual: práticas espirituais pessoais. Entre essas práticas estão a oração, os diários, a solitude e o estudo das Escrituras – coisas que os cristãos fazem sozinhos para crescer em seu relacionamento com Cristo. Embora as práticas espirituais sejam essenciais em todos os estágios do crescimento espiritual, o quadro 3-6 demonstra que se tornam mais importantes para os mais maduros espiritualmente.

As práticas espirituais tornam-se mais importantes para os mais maduros espiritualmente.

As práticas espirituais pessoais influenciam significativamente o crescimento espiritual

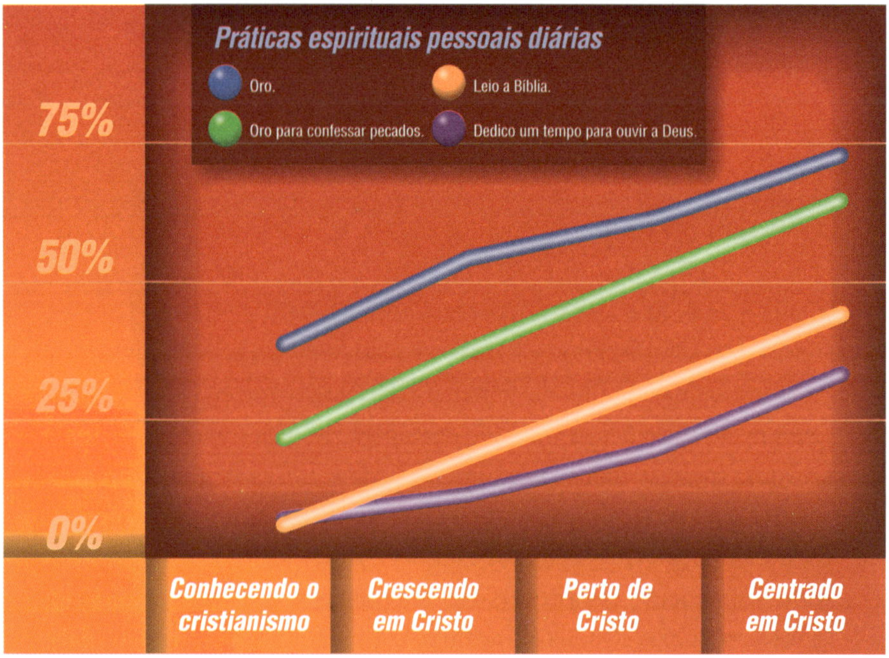

Quadro 3-6: Esses exemplos demonstram o crescente papel das práticas espirituais diárias na vida dos cristãos à medida que crescem espiritualmente.

4. As práticas espirituais pessoais são os elementos construtivos de uma vida centrada em Cristo.

Essa quarta constatação traz consigo duas observações importantes:

Observação 1

O espírito humano é atraído por Deus para buscá-lo, assim como os pássaros têm energia para migrar para o sul por causa do inverno. Esse desejo interno e profundo de preencher o vazio espiritual de nossa alma é a força propulsora da escalada espiritual. O ser humano quer encontrar Deus. Essa força espiritual natural impele-nos a uma trilha de crescimento espiritual, enriquecida por influências que vão além da igreja quando entramos nos estágios mais avançados do desenvolvimento espiritual.

Observação 2

A pesquisa sugere fortemente que a igreja diminui em importância à medida que os cristãos crescem espiritualmente. Seria isso um sinal de que a igreja está falhando com relação às necessidades relativas ao crescimento espiritual dos segmentos mais centrados? As práticas espirituais dos que mantêm um relacionamento mais íntimo com Cristo seriam uma forma de compensar a ineficiência da igreja nesses estágios posteriores? Não necessariamente.

O ...scimento ...ritual está ...culado ao ...elaciona- ...ento com Deus.

O crescimento espiritual está vinculado ao relacionamento com Deus por meio de um compromisso e de um relacionamento mais profundos com Jesus Cristo. Um relacionamento crescente — na verdade, qualquer relacionamento — requer tempo e energia.

Pense no casamento. Ótimos casamentos não se constroem no primeiro arroubo de amor romântico, mas no esforço, na atenção e no cuidado. Casais com casamentos sólidos trabalham neles. De forma semelhante, os seguidores de Cristo mais dedicados gastam notadamente mais tempo em aprimorar seu relacionamento com Cristo, envolvendo-se em práticas espirituais pessoais como oração, leitura da Bíblia e solitude.

encontrar Deus

Nossa conclusão

Nossa conclusão, com base nos dados apurados, é esta: a igreja não precisa segurar a mão dos cristãos que caminham para os estágios mais centrados da escalada espiritual. Uma autêntica vida centrada em Cristo é fundamentalmente o resultado do forte compromisso de manter um *relacionamento pessoal* crescente com Jesus Cristo.

No entanto, as constatações da pesquisa deixam claro que a igreja deve fazer o possível para aumentar o número de seguidores inteiramente submissos a Jesus Cristo, como você verá em nossa próxima constatação — o potencial para o impacto do Reino é imenso.

5. *Os evangelistas, voluntários e contribuintes mais ativos da igreja provêm dos segmentos espiritualmente mais centrados.*

A evidência é coerente e convincente: quanto mais alguém cresce, mais serve, mais contribui e mais evangeliza. Não existe absolutamente dúvida a respeito disso, de acordo com a pesquisa. Vemos níveis drasticamente mais altos de atividade evangelística, voluntariado e compromisso financeiro com a igreja nos segmentos Perto de Cristo e Centrado em Cristo. Essa é uma das mais significativas constatações que fizemos (v. o quadro 3-7, p. 47).

Essa constatação foi uma surpresa para nós. Na Willow Creek, trabalhamos muito tempo na convicção de que o fervor evangelístico tem seu apogeu no começo da jornada de fé da pessoa baseados na idéia de que os novos convertidos tinham mais paixão por sua fé e ainda mantinham relacionamento com pessoas que não haviam entregado sua vida a Cristo. Servir também é visto há muito tempo como um instrumento para abrir portas na jornada da fé. Esses resultados levaram-nos a reavaliar convicções profundamente arraigadas.

Esses resultados levaram-no a reavaliar convicçõe profunda-mente arraigadas

quanto mais a pessoa cresce, mais ela serve, dizima e evangeliza

s porcentagens referem-se aos ntrevistados de cada segmento ue responderam conforme dicado. Por exemplo, cerca e 50% dos que pertencem ao egmento Centrado em Cristo esponderam que dão o dízimo.

Dízimo, serviço e evangelismo aumentam conforme o progresso na escalada espiritual

Quadro 3-7: À medida que os cristãos crescem espiritualmente, demonstram fé crescente por meio de ações. Quanto mais avançam na escalada espiritual, mais expressam fé aos descrentes e contribuem com tempo e recursos para a igreja.

Foi a sexta e final descoberta, no entanto, que realmente nos surpreendeu. Essa constatação traz muito esclarecimento acerca de algo com o qual todos simpatizamos – e muitos de nós experimentam pessoalmente.

Sabemos que o caminho para se tornar Centrado em Cristo não é fácil. Considere outra vez a metáfora do casamento – muitos deles não dão certo. A união pode fracassar por razões variadas, mesmo quando o casal se esforça para ficar junto. Infelizmente, o caminho para o crescimento espiritual também apresenta seus riscos e obstáculos. Podemos ceder à pressão, e às vezes nosso relacionamento com Cristo chega em terreno rochoso. Sabíamos que isso estava acontecendo em nossa congregação, mas estávamos despreparados para saber a dimensão do impacto sobre a igreja.

6. *Mais de 25% dos pesquisados descreveram-se como espiritualmente "estagnados" ou "insatisfeitos" com o papel da igreja em seu crescimento espiritual.*

Encontramos dois grupos de cristãos que reconheceram ter lutas espirituais: os estagnados e os insatisfeitos. O quadro 3-8 mostra o lugar deles na escala espiritual.

Os segmentos Estagnado e Insatisfeito representam mais de 25% dos pesquisados

Conhecendo o cristianismo

Crescendo em Cristo

Perto de Cristo

Estagnado

"Creio em Cristo, mas não cresci muito ultimamente"

Centrado em Cristo

Insatisfeito

"Minha fé é extremamente importante para minha vida; estou tentando crescer, mas a igreja está me decepcionando"

Quadro 3-8: Descobrimos dois segmentos que expressam lutas espirituais. O segmento Estagnado luta com o impulso perdido no crescimento espiritual. O segmento Insatisfeito demonstra todos os sinais de plena dedicação, mas está infeliz com a igreja.

O segmento Estagnado

Os que pertencem ao primeiro grupo disseram: "Creio em Cristo, mas *parei* e não tenho crescido muito ultimamente". O segmento Estagnado emerge no começo e avança para os estágios intermediários da escalada espiritual. Parecem estar restritos ou, de alguma forma, sendo impedidos de crescer espiritualmente. Uma explicação talvez seja que suas práticas espirituais estejam significativamente fora do rumo (v. quadro 3-9).

s porcentagens referem-se os entrevistados de cada egmento que responderam onforme indicado. Por exemplo, erca de 75% de todos os ue pertencem ao segmento entrado em Cristo responderam ue oram todos os dias.

O segmento Estagnado revela níveis bem mais baixos de práticas espirituais pessoais que os de outros segmentos

Quadro 3-9: O segmento Estagnado expressa fortes convicções espirituais, mas tem menos probabilidade de se envolver na oração diária, no estudo Bíblico e em atitude do que outros segmentos de cristãos (Crescendo em Cristo, Perto de Cristo e Centrado em Cristo).

Cally Pakinson

Uma olhada mais atenta ao segmento Estagnado

Compreender esse segmento é de importância fundamental por duas razões. Primeira: representa 16% dos entrevistados, isto é, um em cada seis dos que responderam à pesquisa. Segunda: com base nos dados esboçados a seguir, apresenta problemas nos quais a igreja pode ajudar. Assim, há uma boa chance de recuperá-los. A seguir, algumas constatações a respeito dos que se consideram espiritualmente estagnados.

os estagnados

- Vêm dos estágios iniciais para os intermediários do crescimento espiritual.
- Crêem em Deus e que Jesus é o único caminho para a salvação, mas não expressam essa convicção por meio de práticas espirituais pessoais. Por exemplo, somente 7% informam que "dedicam algum tempo diariamente para a leitura da Bíblia", contra 26% da amostra total.
- Enquanto 40% estão satisfeitos com o papel da igreja em seu crescimento espiritual, 28% estão insatisfeitos.
- 25% — um em cada quatro — estão pensando em deixar a igreja.

barreiras

- Reconhecem a existência de "barreiras significativas ao crescimento espiritual", muito mais que os outros segmentos. Por exemplo:

Vícios (descontrole com gastos, jogos, bebida, pornografia, gulodice etc.): 27% (50% maior que a amostra total)

Relacionamentos inadequados (envolvimento físico ou emocional, outros relacionamentos que os afastam de Deus): 16% (mais de 60% maior que a amostra total)

Assuntos emocionais (depressão, raiva, emoções reprimidas): 48% (35% maior que a amostra total)

Falta de priorização da vida espiritual (gastar mais tempo com outras coisas como TV, Internet, *e-mails*, cinema, compras): 89% (19% maior que a amostra total)

Nossa observação: O segmento Estagnado parece constituído de cristãos, ainda no início da jornada de fé, que enfrentaram circunstâncias difíceis na vida ou depararam com uma fraqueza pessoal incompatível com o caminho de Cristo. Pelo fato de sua caminhada cristã não estar profundamente arraigada em práticas espirituais (oração diária, estudo bíblico e outros), sentem-se desnorteados e, conseqüentemente, insatisfeitos com sua vida espiritual. Menos de 1% estão extremamente/muito satisfeitos (contra 15% da amostra total) com sua vida espiritual. E, como já foi dito, 25% estão pensando em sair da igreja. ✦

Entretanto, o segmento Estagnado é muito mais complexo que essa simples explicação. Eles são quase bipolares ao avaliar sua satisfação com a igreja: alguns estão muito satisfeitos, porém uma grande porcentagem está insatisfeita, e 25% dizem estar pensando em deixar a igreja. Nesse segmento, também é alto o índice de problemas pessoais, como vícios, que constituem “barreiras significativas” para o crescimento espiritual. (Para mais informação, v. a seção “Uma olhada mais atenta ao segmento Insatisfeito”, p. 55.) Esse segmento será objeto de maior atenção e de exame mais meticuloso à medida que ampliarmos nosso banco de dados com pesquisas em outras igrejas, no futuro.

O segmento Insatisfeito

O segundo grupo é o segmento Insatisfeito. Esse grupo irá também receber maior atenção em pesquisas futuras, porque é extremamente importante compreender esse segmento.

a igreja, eles são ıgelistas ativos, ıtários e ibuintes.

Considerando que os que pertencem ao segmento Estagnado tendem a evoluir da fase inicial para os estágios intermediários da fé, o segmento Insatisfeito – os descontentes com a igreja – tendem a vir de segmentos mais centrados em Cristo. Na igreja, eles são ativos evangelistas, voluntários e contribuintes (v. o quadro 3-10).

O segmento Insatisfeito é semelhante ao segmento Perto de Cristo em muitos aspectos – não somente no comportamento espiritual, como também em seu compromisso com práticas espirituais diárias, como oração e estudo bíblico. Esse é um diferencial básico entre os segmentos Insatisfeito e Estagnado.

les estão pensando em abandonar a igreja

Desse modo, o segmento Insatisfeito é composto por cristãos mais envolvidos na igreja e que estão tentando crescer na fé. Entretanto, a pesquisa mostra que estão entre os mais propensos a abandonar a igreja.

O segmento Insatisfeito informa níveis de contribuição, serviço e evangelismo comparável aos segmentos mais centrados

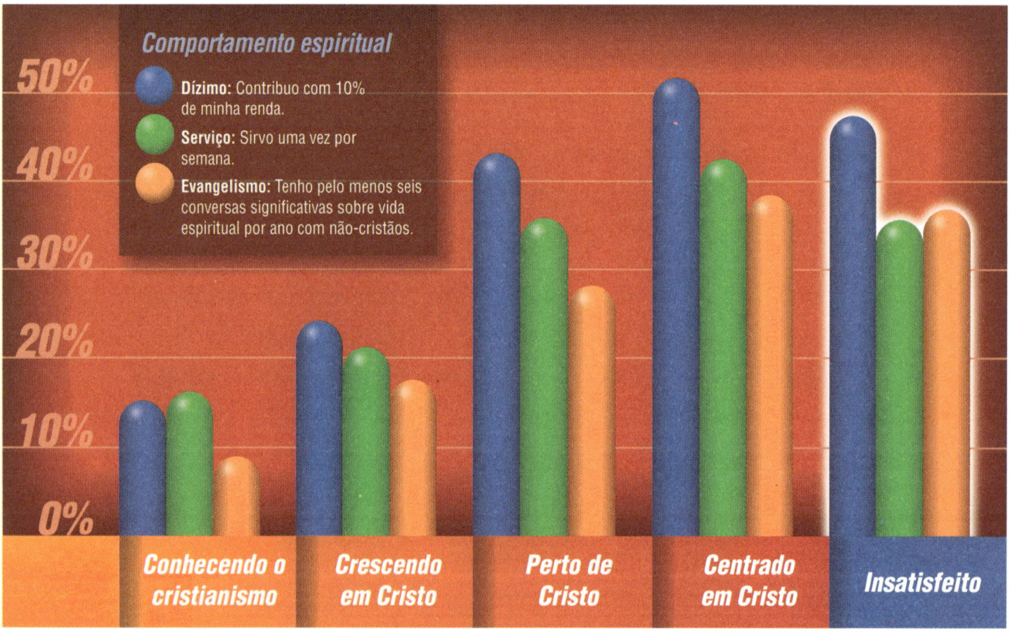

Quadro 3-10: O segmento Insatisfeito demonstra fé por meio de suas ações. Somente o segmento Centrado em Cristo relata níveis maiores de contribuição com o dízimo e de evangelismo.

Quando o pesquisador Eric Arnson viu esses números, ficou aturdido. Usando o mercado como referência, ele explicou que a reação normal é: quanto mais envolvido alguém se torna com uma categoria

anto mais o nível de olvimento, s provável que a satisfação m a igreja ja morna.

de produto, maior o nível de lealdade à sua marca favorita. Se bebo muito refrigerante, e meu favorito é a Coca Diet, minha lealdade a esse produto e a probabilidade de eu recomendá-lo a outras pessoas são extremamente altas.

Em nosso caso, isso significaria que um nível crescente de satisfação com a igreja estaria de mãos dadas com um crescimento espiritual

rcentagens referem-se ntrevistados de cada ento que responderam rme indicado. Por olo, 26% que pertencem gmento Insatisfeito rdam plenamente que ia proporciona um dativo serviço de adoração.

O descontentamento do segmento Insatisfeito com a igreja é notável

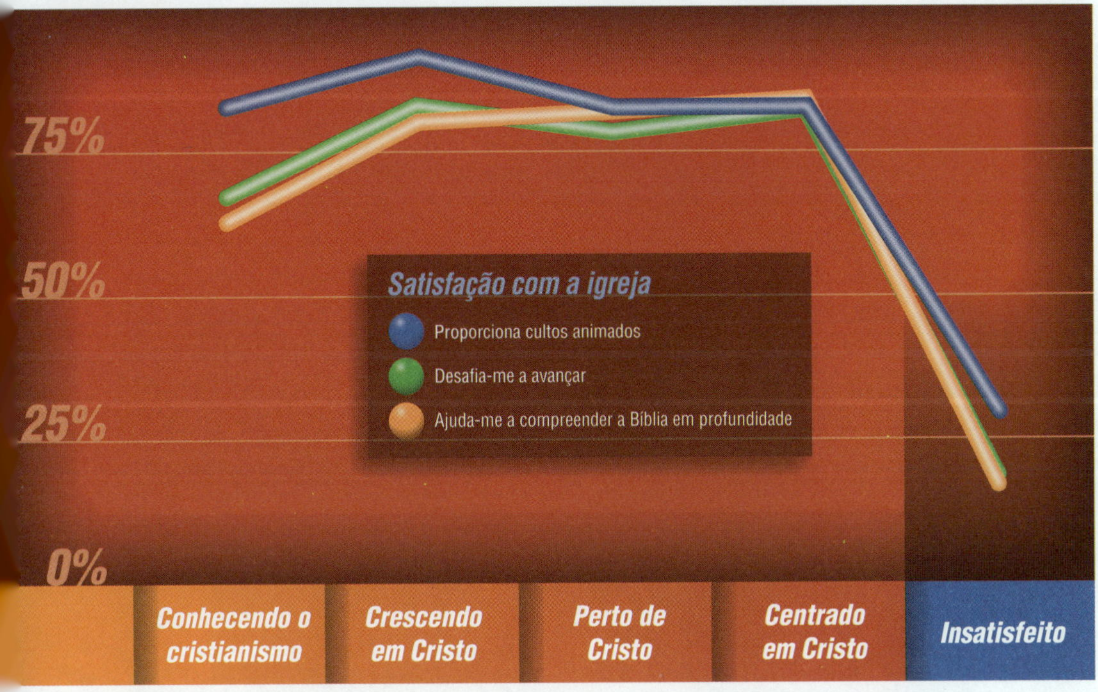

Quadro 3-11: Analisamos 32 benefícios da igreja, além dos três mencionados acima. No quadro, o segmento Insatisfeito assinalou "concordo plenamente" muito menos vezes que os outros segmentos (o normal é um terço).

cada vez maior. Todavia, descobrimos que não era assim. Em termos gerais, quanto mais alto for o nível de envolvimento — de compromisso com Cristo —, mais provável será que a satisfação com a igreja diminua.

O número de cristãos insatisfeitos não é desprezível. Em média, nas sete igrejas que analisamos, representa cerca de 10% da congregação. Assim, um em cada dez cristãos está infeliz na igreja — e com freqüência muito infeliz (v. o quadro 3-11).

O que há com os insatisfeitos? Não existe uma resposta fácil para isso — pelo menos ainda não! Contudo, é certo que o nível de expectativa deles sobre o que a igreja pode e deve oferecer é muito mais alto que em qualquer outro segmento. (Para mais informação, v. a seção "Uma olhada mais atenta ao segmento Insatisfeito", p. 55).

Assim, embora o segmento Insatisfeito tenha a tendência de ser mais ativamente envolvido com práticas espirituais que o segmento Estagnado, os dados indicam que tanto o segmento Insatisfeito quanto o Estagnado ainda se apóiam quase que exclusivamente na igreja na questão do crescimento espiritual.

Nenhum segment parece s conta de boa part responsa lidade p crescim espiritua do própr cristão.

Ambos os segmentos tendem a se queixar da necessidade de ensino mais aprofundado, de maiores oportunidades de conexão, de mais opções de serviço e mais de tudo que sintam estar faltando em sua experiência na igreja. No centro dessa insatisfação, porém, talvez esteja o fato de que nenhum segmento parece se dar conta de que boa parte da responsabilidade pelo crescimento espiritual é *do próprio cristão*. Esse é o grande "aha!".

Cally Pakinson

Uma olhada mais atenta ao segmento Insatisfeito

É importantíssimo compreender o segmento Insatisfeito porque todos os dados indicam não se tratar de simples cristãos em Cristo: são verdadeiros seguidores de Jesus. Existe, porém, uma grande chance de eles pensarem em abandonar a igreja. O mais intrigante é que eles representam cerca de 10% da igreja. Veja, a seguir, o que descobrimos a respeito dos cristãos que se definem como insatisfeitos.

Fazem parte desse segmento cristãos cujo crescimento espiritual é mais avançado, de modo que mostram todos os sinais de completa dedicação:

Eles freqüentam regularmente os cultos semanais:

- 96% vão à igreja de três a quatro vezes por mês (o mesmo da amostra total). Eles desejam mais desafios e maior profundidade nos cultos.
- 20% consideram os cultos "notáveis" ou "excelentes" (contra 71% da amostra total).
- 60% gostariam de ter "ensino bíblico mais aprofundado" (contra 30% do total), e 56% querem mais desafios (contra 19% do total).

Eles participam de pequenos grupos (55% uma ou mais vezes por mês).

Eles são voluntárias na igreja (61% uma ou mais vezes por mês).

Elas ajudam os necessitados (25% pelo menos de três em três meses).

Eles contribuem com o dízimo (31%).

Eles são diligentes no esforço pessoal para crescer na fé por meio do estudo bíblico diário/reflexão (39% contra 26% da amostra total) e da oração diária (59% contra 56% do total).

Todavia, 63% estão pensando em deixar a igreja, por causa do baixo nível de satisfação em relação a ela. Se o assunto é culto na igreja, classes de estudo bíblico ou pequenos grupos, os índices de satisfação deles são significativamente mais baixos que os da amostra total.

> **63 % estão pensando em deixar a igreja, por causa do baixo nível de satisfação em relação a ela**

Nossa observação: Para entender o que realmente estava acontecendo do segmento Insatisfeito, organizamos com muito critério 35 declarações e avaliações de satisfação a respeito dos benefícios da igreja e descobrimos algo interessante. As duas declarações com mais baixo nível de satisfação foram:

"A igreja me mantém no rumo enquanto tento viver a vida cristã." Apenas 7% informaram estar satisfeitos, contra 47% do total, uma diferença de quase sete vezes.

"A igreja me ajuda a encontrar um mentor espiritual." Apenas 4% informaram estar satisfeitos, contra 25% do total, uma diferença de mais de seis vezes.

Embora o segmento Insatisfeito pareça estar totalmente alinhado com as atitudes e os comportamentos relacionados ao segmento Centrado em Cristo, ainda querem que a igreja os ajude a "mantê-los no rumo", que lhes imponha responsabilidades e desafios. Ferramentas como um plano de crescimento espiritual podem atender a algumas dessas necessidades, porém esses cristãos também parecem desejar um orientador pessoal de crescimento, isto é, um mentor espiritual. Talvez seja isso o que esteja faltando para mantê-los "no rumo", impedindo-os de sair pela porta dos fundos. ✦

Isso nos leva a perguntar: quem deveria ter lhes mostrado essa realidade? Quem deveria tê-los ajudado a assumir mais responsabilidade pelo próprio crescimento espiritual? A resposta é bastante óbvia.

O PAPEL DA IGREJA E AS OPORTUNIDADES QUE ELA OFERECE

Com base na pesquisa, a igreja parece causar maior impacto no primeiro estágio da escalada espiritual – quando o cristão está começando a explorar o cristianismo, dando os passos iniciais da fé. De forma semelhante, os pais exercem mais influência sobre os filhos nos primeiros anos. À medida que entram na adolescência, os filhos criam asas de maturidade e deixam o ninho da família em busca de seu caminho próprio na vida.

a igreja pode precisar mudar
seu relacionamento

Mesmo quando os filhos vivem por conta própria, a influência dos pais ainda permanece. Meus filhos têm 20 e 25 anos de idade. Segundo a maioria das definições, são adultos. Nas últimas semanas, porém, ajudei um deles a superar um rompimento amoroso e o outro a planejar o casamento. Ainda tenho importância e exerço influência na vida deles, mas de uma forma diferente de quando eu trocava suas fraldas ou ajudava com a lição de casa.

Imagine os ganhos para o Reino se a igreja encontrasse um meio de mentorear ou de ensinar os cristãos em todos os estágios da escala espiritual.

O declínio da influência da igreja depois que os cristãos amadurecem espiritualmente sugere que ela deve ter posto muita ênfase no equivalente espiritual do estágio da troca de fraldas e da ajuda na lição de casa. Assim como os pais, a igreja talvez precise mudar seu relacionamento com os que amadureceram, agir de modo diferente para manter um nível adequado de influência e oferecer o apoio de que precisam.

À medida que os cristãos se esforçam para crescer em seu relacionamento pessoal com Cristo – um relacionamento que presumivelmente se beneficiou de um sólido fundamento teológico e do incentivo proveniente do ensino ministrado na igreja – a instituição eclesiástica deixa de ser o centro de desenvolvimento de sua fé. É assim que deve ser – exatamente como os pais precisam celebrar o grau maior de independência de um filho.

Entretanto, a igreja tem de ser honesta ao analisar a pergunta: "Podemos ser melhores pais?". A pesquisa sugere que a resposta é sim. Nossa análise mostra a igreja preocupada demais com os anos iniciais de crescimento, deixando os adolescentes espirituais encontrarem o próprio caminho – sem prepará-los para a jornada.

Imagine os ganhos para o Reino se a igreja encontrasse um meio de mentorear ou de ensinar os cristãos em todos os estágios da escalada espiritual. Imagine o impacto se todos os que pertencem aos segmentos Estagnado e Insatisfeito retornassem à trilha e passassem para estágios superiores de maturidade e produtividade espiritual. Imagine o que aconteceria se a igreja criasse caminhos que persuadissem os que pertencem aos segmentos Crescendo e Perto de Cristo, a começar a viver de modo verdadeiramente centrado em Cristo.

As apostas são extremamente altas

Se a igreja puder reformular seu papel para aproveitar ao menos uma pequena porção das oportunidades sugeridas neste trabalho e ilustradas no quadro a seguir, o ganho para o Reino pode ser extraordinário. Por isso, as apostas são extremamente altas. A estratégia para o sucesso, porém, pode ser extremamente simples – tão simples quanto se tornar melhores "pais" espirituais para nosso povo.

A maior oportunidade da igreja é aumentar sua influência junto aos seguidores de Cristo mais dedicados

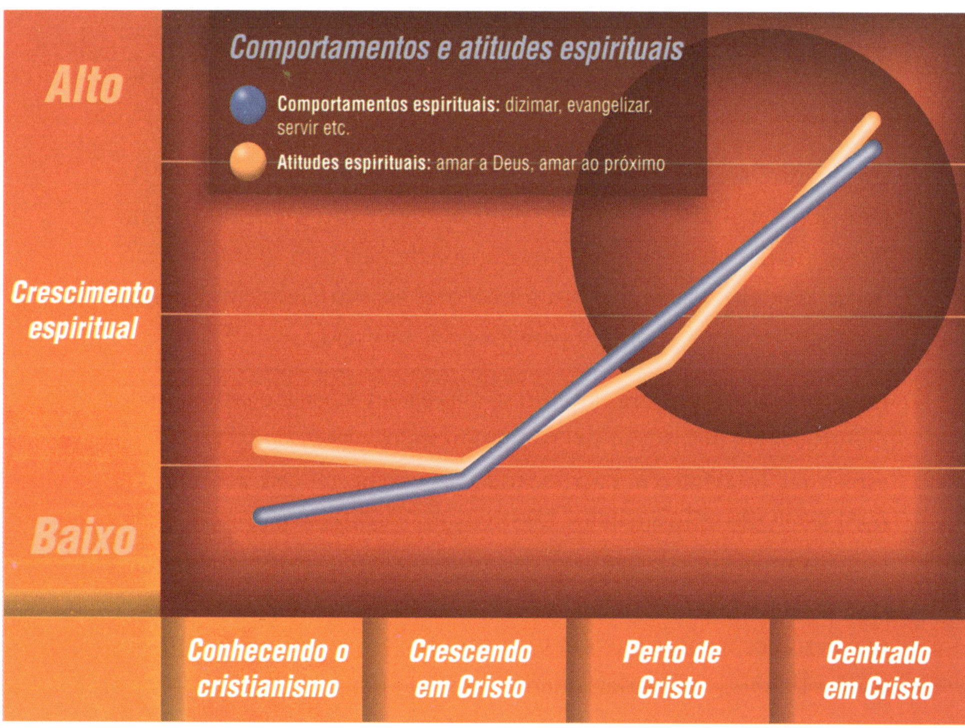

Quadro 3-12: Os dados sugerem que a igreja proporciona apoio mínimo aos que são mais dedicados a Cristo. Já que esses cristãos são os mais bem preparados e os mais entusiasmados defensores da causa de Cristo, dar-lhes mais treinamento e incentivo pode render ganhos significativos para o Reino.

É sempre uma boa éia dar um asso atrás evisitar as uposições que a pesquisa nvestigou.

RECAPITULAÇÃO DAS CONSTATAÇÕES COMPARADAS COM A SITUAÇÃO INICIAL

No mundo dos dados e da pesquisa, é sempre uma boa idéia dar um passo atrás e revisitar as suposições que a pesquisa investigou. Se isso não for feito, é fácil terminar numa trilha que pode ser interessante, mas sem resultados significativos para as maiores questões e preocupações.

Depois de começarmos nosso trabalho tentamos não nos afastar de nossas três hipóteses originais. Eis como nossas descobertas se comparam com as suposições iniciais.

Nossas hipóteses comparadas às nossas descobertas

Nossas hipóteses	O que descobrimos
Existe uma trilha de migração para o crescimento espiritual baseada nas atividades da igreja.	Existe uma trilha de migração espiritual, mas não é definida pelo envolvimento do cristão na igreja, e sim pelo relacionamento dele com Jesus Cristo.
A ferramenta mais eficiente de evangelização é uma conversa espiritual.	Conversas sobre temas espirituais são importantes para evangelizar, mas a estratégia mais eficiente de alcance — sem exceção — é motivar o maior número de cristãos do segmento Centrado em Cristo. Eles são os melhores evangelistas, os mais autênticos voluntários e os contribuintes mais generosos da igreja.
Amizades espirituais são os condutores-chave para o crescimento espiritual.	Atender à necessidade de conexão e de genuínos relacionamentos espirituais é imprescindível ao crescimento espiritual. Todavia, esforços organizados para criar tais ambientes parecem ser eficazes apenas nos estágios iniciais do crescimento espiritual.

Ao repassar as hipóteses iniciais, fomos obrigados a reconhecer quanto nossa visão era limitada. Usávamos viseira na fase inicial, acreditando que as atividades da igreja eram os condutores predominantes do crescimento espiritual e presumindo que a igreja apareceria como a força motriz na caminhada espiritual do segmento Centrado em Cristo. Não estávamos preparados para a realidade que se nos apresentou: um grande número de cristãos estacionados na vida espiritual, menos ainda para a constatação de que alguns de nossos melhores discípulos estavam entre os mais insatisfeitos com a igreja. Ficamos também surpresos com o fato de que as práticas espirituais pessoais tivessem um papel tão crítico — aparecendo como o principal catalisador para o crescimento nos segmentos espirituais mais avançados.

Podemos reavaliar c papel e o potencial igreja.

Por causa das enormes brechas entre nossas hipóteses originais e os resultados, especificamente as descobertas imprevistas relacionadas aos segmentos Estagnado e Insatisfeito, o papel das práticas espirituais e o declínio geral da influência da igreja sobre os estágios mais avançados de crescimento espiritual, pudemos chegar a apenas uma conclusão: Deus parece ter usado esse trabalho para nos revelar algumas verdades perturbadoras, a fim de que pudéssemos reavaliar o papel e o potencial da igreja.

Estamos lançando outra pesquisa para mais 25 igrejas nos Estados Unidos

A MELHOR DESCOBERTA

Uma das mais surpreendentes constatações, resultante da análises dos dados, foi a de que estávamos apenas arranhando a superfície. Continuaremos o trabalho, coletando dados de um número cada vez maior de igrejas na esperança de descobrir algo que lance mais luz sobre alguns dos maiores problemas que a igreja enfrenta hoje. Acreditamos que vimos apenas a ponta do *iceberg*.

Estávamos apenas arranhando a superfície...

Estamos apenas começando a enriquecer nossas descobertas com dados de outras igrejas. Quando este livro foi para a gráfica, iniciamos outra pesquisa com mais 25 igrejas nos Estados Unidos. A profundidade e a extensão de nosso banco de dados aumentarão, bem como nossa capacidade de avaliar a eficiência de coisas como as estratégias dos pequenos grupos, o formato do culto e muitas outras atividades da igreja, numa gama ainda maior de modelos eclesiásticos. Esperamos poder compreender, em profundidade e em detalhes, o impacto de coisas como produtos e serviços oferecidos na Internet sobre a vida espiritual dos cristãos, bem como as diferentes formas de oração, estudo bíblico, solitude e outras práticas espirituais pessoais.

Nossa intenção é que centenas de igrejas participem da pesquisa, até mesmo igrejas fora dos Estados Unidos. Esperamos tornar esse tesouro de constatações e descobertas cada vez maiores disponível a todo e qualquer um comprometido com o progresso do Reino de Deus. Esse é o nosso plano. Esse é o nosso sonho, e acreditamos ser também o sonho de Deus.

Convidamos você a juntar-se a nós nessa aventura de descobertas divinas sem mapa rodoviário... exceto o que Deus colocou no coração humano.

Convidam você a juntar-se a nós nessa aventura d descobert divinas.

Greg L. Hawkins

DESC

4 O QUE VOCÊ PODE FAZER AGORA?

TRÊS PASSOS QUE
VOCÊ PODE DAR
AINDA HOJE

Decisões

DEPOIS DE ANALISAR TODOS OS DADOS E DESCOBERTAS, é razoável perguntar: "E agora?". Também é essencial procurar responder às questões difíceis e começar a agir. Três idéias do "próximo passo" ajudaram líderes e igrejas prontos para se concentrar na questão: "Onde estamos?".

4

O QUE VOCÊ PODE FAZER AGORA?

O legendário treinador de basquete universitário John Wooden tinha uma placa em seu escritório na Universidade da Califórnia, Los Angeles, que dizia: "Quando você parar de aprender, estará acabado".

"Quando você parar de aprender, estará acabado."

Uma das coisas de que mais gostei na pesquisa foi que aprendi muito. Aprendi que é possível ter uma idéia do que acontece no coração de alguém que se esforça para crescer em seu amor a Deus e ao próximo. É possível analisar quais áreas do ministério ajudam os cristãos a progredir na escalada espiritual até que a vida deles esteja centrada em Cristo – e quais não ajudam. Aprendi também que esses padrões não são exclusivos da Willow, mas estão presentes nas outras igrejas pesquisadas.

Entretanto, não empreendi essa jornada apenas para aprender. Eu queria usar os conhecimentos adquiridos na criação de um plano estratégico para a Willow que orientasse nossas decisões nos anos vindouros. Então, como se deu o processo?

Bem, é desnecessário dizer que as descobertas proporcionadas pela pesquisa realmente mexeram conosco. Lembro-me da nervosa expectativa que Cally, Eric e eu sentimos antes de entrar no escritório de Bill Hybel para contar-lhe o que havíamos descoberto. Como dizer ao chefe (e pastor fundador da igreja) que a igreja não era tão eficiente como se pensava? Entretanto, Bill aceitou sem reservas nosso trabalho e deu o impulso necessário para que as descobertas se tornassem o centro de nosso pensamento.

NOVA VISÃO E NOVA ESTRATÉGIA

Levou mais de dois anos até assimilarmos os resultados da pesquisa e descobrirmos o que Deus queria que fizéssemos com eles, mas acabou surgindo uma nova visão e uma nova estratégia. Em abril de 2007, apresentamos um plano estratégico à igreja, caracterizado por algumas novas iniciativas catalisadas pela pesquisa.

Cremos que Deus está nos desafiando a agir com base no que aprendemos até agora.

À medida que avançamos, nós nos convencemos de uma coisa: não sabemos se nossos planos funcionarão, mas estamos dispostos a aprender enquanto avançamos. Podemos até estar tomando a direção errada, porém é melhor fazer alguma coisa que ficar parado, porque cremos que Deus está nos desafiando a agir com base no que aprendemos até agora.

Antes de analisar os passos que você pode dar, creio que seria útil comentar alguns detalhes de nosso novo plano estratégico. É importante saber como a Willow está agindo diante dessas constatações. *Não* são recomendações a serem seguidas por outras igrejas. Apresentamos aqui três mudanças estratégicas que implantamos por influência direta da pesquisa.

1. Nossa mensagem à igreja tem de mudar

Historicamente, a mensagem na Willow tem sido a mesma, não importa a classificação do cristão na escalada espiritual: “Sabemos do que você precisa e podemos atender a essa necessidade”. Hoje, estamos cientes do quanto essa postura nem sempre era adequada em relação à igreja. Em muitos casos, criamos uma dependência doentia e níveis inconvenientes de expectativa entre os que fazem da Willow seu lar.

Uma das primeiras providências que tomamos foi dizer à congregação que estávamos errados em pensar que era tarefa nossa atender a todas as necessidades de crescimento espiritual de nosso povo. Ao apresentar o novo plano estratégico à congregação, em abril de 2007, Bill declarou:

– Erramos. Precisamos repensar o treinamento dado a vocês em sua busca por crescimento espiritual.

Essa afirmação enviou à congregação um forte sinal de que havíamos prestado atenção ao que eles nos disseram na pesquisa. Compreendemos que alguns deles não estavam sendo ajudados, e por isso iríamos fazer mudanças.

Queremos dar nova perspectiva ao povo

Queremos fazer a transição do papel da igreja — de pai espiritual para treinador espiritual.

Nossa intenção é convencer os cristãos a trocar a dependência da igreja por uma parceria interdependente com ela. Queremos que todos saibam, logo no início de sua jornada que é necessário olhar para além da igreja para crescer. Servir-se uma ou duas vezes por semana do alimento que a igreja tem a oferecer (mesmo que seja ótimo) jamais será nutrição suficiente para a sobrevivência espiritual, muito menos para o crescimento. Cada cristão precisa aprender a se alimentar com práticas espirituais pessoais que lhes permitam aprofundar seu relacionamento com Cristo.

2. *Precisamos treinar novos passos*

Quando a igreja trabalha fora do modelo da dependência, o ministério é exercido de maneira bastante direta: tente descobrir o que os cristãos estão precisando e trate de providenciá-lo por meio de um programa ou de uma atividade. Mas como deve ser o modelo *interdependente*? Qual o papel da igreja em tal modelo?

Queremos fazer a transição do papel da igreja – de pai espiritual para treinador espiritual. Quando você vai à academia com a intenção de melhorar a forma física, o treinador avalia seus pontos fortes e fracos. Com base nessa avaliação, prescreve um plano de exercícios. Se você estiver realmente fora de forma ou no começo de sua "jornada por aptidão física", certamente alguns procedimentos serão necessários. À medida que você fica mais forte e mais treinado, começa a fazer exercícios diferentes. Não existe um plano de aptidão física "ajustável a todos".

Da mesma forma, não existe um plano de crescimento espiritual ajustável a todos os cristãos. Por isso, uma de nossas novas iniciativas foi criar uma ferramenta que todos pudessem usar para avaliar a real situação de seu relacionamento com Cristo (sua "boa forma espiritual") e, com base nisso, recomendar um plano personalizado de crescimento ou um "plano de exercícios" que os condicione a dar o passo seguinte em sua jornada espiritual. Acreditamos ser essencial ajudar todos a responder à pergunta: "O que vem agora?".

3. Precisamos aumentar o impacto dos cultos de fim de semana

Os cultos de fins de semana são um elemento importante para o crescimento espiritual nos estágios iniciais da jornada espiritual, mas têm menor valor para os que já subiram um pouco mais na escalada espiritual. Uma de nossas iniciativas é aumentar o impacto do culto de fim de semana para atender às necessidades dos que estão mais adiantados na jornada espiritual. Ainda estamos considerando várias idéias, mas desejo compartilhar com você uma coisa que tentamos recentemente.

Acreditamos ser essencial ajudar todos a responderem à pergunta: "O que vem agora?".

Durante uma série de cinco semanas de estudos sobre o livro de Tiago, distribuímos um diário gratuito destinado a ajudar os cristãos a dar o passo seguinte, aonde quer que se situassem na escalada espiritual. Continha páginas para anotação (para o segmento Conhecendo), bem como perguntas que poderiam ser estudadas durante a semana e serviam como auxílio na reflexão sobre o texto em estudo (para os que estavam no segmento Crescendo). Trazia questões de estudo que podiam ser usadas nos pequenos grupos (também para o segmento Crescendo) ou no processo de aprendizagem com um amigo espiritual (para o segmento Perto de Cristo). Incluímos até excertos de um comentário bíblico para os que desejassem uma análise mais profunda (para o segmento Centrado em Cristo).

A reação da igreja foi incrivelmente positiva. Entrevistamos alguns dos que utilizaram o diário e descobrimos que ele foi útil a pessoas de todos os segmentos da escalada espiritual. Nossa intenção é aprimorar o que já estamos fazendo, como nossos cultos de fim de semana.

TRÊS PASSOS QUE VOCÊ PODE DAR IMEDIATAMENTE

Depois de processar nossas descobertas durante três anos, estamos apenas começando a fazer mudanças ministeriais importantes.

Por que tanta demora?

Sinceramente, demorou um pouco para tudo isso se firmar. Passamos pelos nossos estágios de negociação: raiva, tristeza, depressão – tudo, até finalmente podermos aceitar a dura realidade: precisávamos mudar.

Se você quer saber se existe algo que possa ser feito agora, a resposta é sim.

De igual modo, presumo que você precisará de tempo até entender melhor toda essa informação. Entretanto, se você quer saber se existe algo que pode ser feito agora, a resposta é sim. A boa notícia é que seu primeiro passo não depende de uma pesquisa detalhada. Esperamos que nossa pesquisa possa ajudá-lo nos passos iniciais.

Eis os três passos que podem ser dados como ponto de partida para sua igreja. O melhor é que você pode escolher qualquer um deles e começar hoje.

escolha qualquer um deles,
comece hoje

1. Vá além da pergunta "Quantos?"

2. Vá além da pergunta "Como vai?"

3. Pergunte: "Como isso ajudará alguém a crescer na fé?"

1. Vá além da pergunta "Quantos?"

Há muito tempo as igrejas têm feito a pergunta: "Quantos?". Esse tem sido o padrão para medir o "sucesso" do ministério. Quantos aceitam Cristo? Quantos batismos? Quantos membros? Quantos nos pequenos grupos? E assim por diante.

Entenda que não é uma pergunta errada. "Quantos?" ajuda-nos a ver o que traz pessoas à igreja e quais ministérios são do interesse delas. "Quantos?" é uma boa pergunta, especialmente quando existem perguntas de acompanhamento.

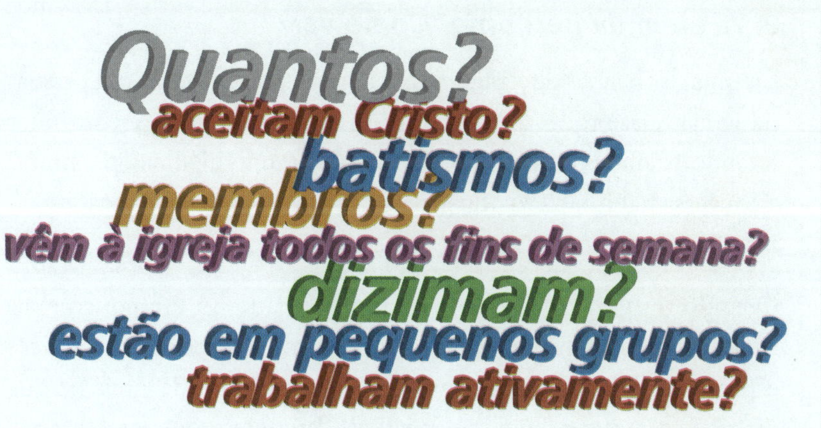

Um ótimo primeiro passo para sua igreja é certificar-se de que "Quantos?" não é a única pergunta que você faz para medir o impacto de seus esforços ministeriais. Quase sempre, após um culto ou evento importante, "Quantos?" é inevitavelmente a primeira pergunta a

Mudar o conteúdo das discussões é uma ferramenta poderosa nas mãos do líder.

surgir na reunião. Entretanto, da próxima vez que você ouvir alguém perguntar: "Quantos?", faça em seguida esta pergunta: "Como esse evento ajudou as pessoas a crescer na fé?". Se quiser ir ainda mais fundo, pergunte: "Qual segmento esse evento tinha intenção de ajudar? Atingimos esse objetivo?".

Os líderes veteranos precisam tomar a iniciativa de fazer as perguntas subseqüentes. Se você não fizer, quem as fará? Fazer as perguntas subseqüentes dará um novo rumo às reuniões em sua igreja. "Quantos?" não será mais o único fator a definir o sucesso de um culto, de um evento ou de uma atividade.

Mudar o conteúdo das discussões é uma ferramenta poderosa nas mãos do líder. As palavras têm o poder de transformar, como diz Provérbios 16.23: "O coração do sábio ensina a sua boca, e os seus lábios promovem a instrução". Ir além da pergunta "Quantos?" é o começo da reorientação de sua perspectiva da eficiência da igreja e o será também para toda a liderança e para os membros.

2. Vá além da pergunta "Como vai?"

Aquilo que você ouve pode resultar numa mudança radical em sua igreja e em seu ministério.

Eis uma das belezas de ser líder ministerial: você conversa com pessoas na igreja quase todos os dias. Assim, o segundo passo é continuar fazendo exatamente isso, porém acrescentando algumas perguntas à conversa habitual. Qualquer pessoa pode perguntar: "Como vai?", mas o que aconteceria se você fosse além disso?

Quando tiver a oportunidade e for apropriado, vá um pouco mais fundo em suas conversas pessoais. Pergunte a respeito das práticas espirituais. Pergunte se estão satisfeitos com o papel da igreja no que diz respeito ao crescimento espiritual. Pergunte o que mais a igreja pode fazer para ajudá-los a crescer na fé.

As respostas o ajudarão a identificar a posição de cada cristão na escalada espiritual e a saber se a igreja os está ajudando (ou não) a dar os passos seguintes. Procure conversar com cristão de todos os segmentos da escala espiritual. Incentive-os a dizer a verdade – não o que imaginam que você quer ouvir. Fique atento, pois aquilo que você ouve pode resultar numa mudança radical em sua igreja e em seu ministério.

Eis algumas perguntas que podem abrir diálogos saudáveis:

- *Como está seu relacionamento com Deus?*
- *O que está ajudando você a crescer espiritualmente nestes dias?*
- *Qual ministério está fazendo diferença em sua vida? Como?*
- *O que a igreja poderia fazer de maneira diferente para ajudá-lo a crescer mais?*

Agora vem a parte difícil...

O que você faz com o que ouve? Resista ao impulso de ficar na defensiva quando a resposta não for muito agradável. Em vez disso, ouça com interesse tudo que lhe for dito. Depois, reflita sobre o que ouviu e dê a cada assunto a devida atenção. Se ouvir a mesma coisa várias vezes, existe a possibilidade de haver verdade nela.

Ouça com interesse tudo que lhe for dito. Depois reflita no que ouviu e dê a cada assunto a devida atenção.

Isso significa que você precisa estar preparado para agir de acordo com o que ouviu. Não o faça, entretanto, impulsionado pelas informações de uma única pessoa. Sua ação deve ser estratégica, implantando mudanças com base num conjunto das informações.

3. Pergunte: "Como isso ajudará alguém a crescer na fé?"

Para avaliar a eficácia de seu ministério, faça esta pergunta com relação a cada programa ministerial: "Como isso ajudará alguém a crescer na fé?". Não é necessário um grande projeto de pesquisa para começar, nem mesmo um computador. Pegue uma folha de papel e um lápis e desenhe seu próprio gráfico, ou utilize o gráfico em branco que disponibilizamos à p. 108.

Usando a estrutura esboçada a seguir, liste na coluna da esquerda os programas ministeriais que sua igreja oferece aos adultos. Você pode listar apenas os ministérios principais ou todos. Você obterá algo parecido com este gráfico:

PROGRAMA MINISTERIAL	CONHECENDO O CRISTIANISMO	CRESCENDO EM CRISTO	PERTO DE CRISTO	CENTRADO EM CRISTO
Cultos de adoração				
Pequenos grupos				
Ministérios de recuperação				
Estudos bíblicos para mulheres				
Café da manhã dos homens				

Agora avalie cada ministério com base no nível de impacto que você acha que eles exercem no crescimento espiritual do povo em cada segmento. Use a seguinte escala: alto impacto, médio impacto, baixo impacto. Por exemplo, avalie desta forma o impacto de seus cultos de adoração:

PROGRAMA de MINISTÉRIO	CONHECENDO O CRISTIANISMO	CRESCENDO EM CRISTO	PERTO DE CRISTO	CENTRADO EM CRISTO
Cultos de adoração	Alto	Alto	Alto	Médio

Em seguida, peça a alguém da liderança que também avalie (sem mostrar a que você fez). Depois, compare as duas. Isso deve motivar algumas discussões interessantes. Se você for corajoso, peça também a avaliação de alguns dos voluntários que servem nesses ministérios. Qual a opinião deles sobre a real ajuda que o ministério ao qual pertencem proporciona ao crescimento espiritual do cristão?

Tente chegar a um consenso. Verifique as disparidades. As necessidades de algum segmento não estão sendo atendidas? Por exemplo, quando fizemos isso na Willow, descobrimos que não tínhamos nenhum ministério que treinasse os cristãos nas disciplinas pessoais – uma grande omissão, que estamos tentando remediar.

Essa não é uma ciência exata, mas se você puder começar a pensar dessa forma, poderá descobrir algo que afetará dramaticamente seus programas ministeriais.

SEGUINDO ADIANTE

Queremos tentar coisas novas e reavaliar tudo que ajude o povo a aprofundar seu relacionamento com Cristo.

A Willow agora vive um período de empolgação por causa das perguntas importantes que a pesquisa nos obrigou a fazer e das respostas que, em conseqüência disso, estamos buscando. Sentimos que esses passos nos capacitarão a ajudar mais cristãos a crescer em seu amor a Deus e ao próximo. Queremos aprender, tentar coisas novas e reavaliar tudo que ajude o povo a aprofundar seu relacionamento com Cristo.

Não queremos apenas aprender com o que acontece em nossa igreja. Gostaríamos muito de também aprender com você. Concluída a leitura deste livro, convido-o a juntar-se à discussão, acessando nosso site www.revealnow.com e contribuindo com sua avaliação e idéias — não somente a respeito do que leu, mas também de como sua igreja está ajudando os cristãos a evoluir na escalada de crescimento espiritual. Nossa convicção é que obteremos melhor compreensão de como ocorre (ou não) o crescimento espiritual em nossa congregação se as perguntas forem discutidas com outras igrejas.

Não aprendemos tudo a respeito desse assunto. Na verdade, é seguro dizer que o aprendizado apenas começou.

Não estamos aprendendo tudo a respeito desse assunto. Na verdade, é seguro dizer que o aprendizado apenas começou.

Estou há anos neste projeto e às vezes ainda me pego acordado à noite, pensando na igreja, só que agora, em vez de me sentir ansioso, aguardo com impaciência as próximas descobertas e o impacto que poderão causar à igreja como um todo.

Ao final de um dia de trabalho, todos queremos pôr a cabeça no travesseiro, sabendo que estamos causando o impacto que Deus quer que causemos em sua obra. Assim, se alguém aparecer com uma oferta de um milhão de dólares para nossa igreja, teremos mais segurança na hora de investir esse dinheiro, sabendo que irá causar o maior impacto no Reino.

DESCUBRA

APÊNDICES

Medir o invisível

Apêndice 1

A ARTE E A CIÊNCIA DE MEDIR O INVISÍVEL

Nos primórdios do desenvolvimento da ciência da estratégia de *marketing*, tudo se baseava em demografia. Imensas empresas foram construídas com base em tendências demográficas, como a Sears, de olho nos subúrbios como uma nova fronteira de crescimento do varejo após da Depressão, e o McDonalds, conquistando a preferência de famílias *baby-boomer*,[1] superatarefadas e apaixonadas por carros.

Entretanto, nos últimos vinte anos, o nível de sofisticação no mundo do *marketing* cresceu de forma assombrosa. Hoje, os estrategistas e analistas de mercado, como eu, olham para muito além da simples demografia para aprender o que faz uma marca de mercado.

Minha carreira tem sido dedicada a construir e executar técnicas de pesquisa que ajudem os empresários a compreender os fatores invisíveis que motivam seus clientes. O que faço, com muita ajuda de colegas – estatísticos especializados, projetistas de pesquisas e analistas –, é olhar sob a superfície da demografia, para as emoções, motivações e necessidades que realmente conduzem o comportamento do consumidor.

Em outras palavras, meço o invisível.

---

[1] [1]Pessoas nascidas durante um período em que houve grande aumento no nascimento de bebês. Nos Estados Unidos, esse período é compreendido especialmente entre 1946 e 1964. Fonte: *Longman Dictionary of Contemporary English.* [N. do T.]

Sempre achei esse trabalho fascinante – perguntar às pessoas como e por que elas se comprometem emocionalmente com coisas como produtos e marcas. Por exemplo, por que seu amigo bebe qualquer refrigerante que lhe for oferecido, e você só aceita Coca Diet?

Como o Canal [de TV] do Tempo se tornou seu especialista de confiança: não apenas para a previsão do tempo, como também para condições de viagens, concentração de pólen no ar e tudo o mais relacionado a viagens e ao ar livre?

Por que John Deere incentiva uma lealdade tão feroz nos clientes, não somente aos equipamentos Deere, mas à marca como um todo?

As implicações comerciais de tais perguntas são imensas, porém não é em nada comparado com as eternas implicações de medir o que é espiritualmente invisível.

REVELAÇÕES CRUCIAIS NA CIÊNCIA DA PESQUISA DE MERCADO

Na técnica de escalar, começa-se com um atributo de um produto, em seguida, escala-se para os benefícios funcionais e fundamentalmente para os benefícios emocionais.

Meu interesse profissional em descobrir como e por que as pessoas tomam decisões de compra começou durante meu primeiro trabalho na Procter & Gamble. Na época, a maior preocupação da empresa era enfatizar as características e os benefícios funcionais de seus produtos. Historicamente, ela obteve uma fatia de mercado porque seus produtos superavam o desempenho da competição – foram criados produtos mais brancos, mais brilhantes, mais úmidos, e assim por diante. A empresa tinha dados para sustentar essa política. Com o passar do tempo, entretanto, marcas competitivas fizeram melhorias para preencher a lacuna. (Afinal, um bolo só pode ficar úmido até um ponto menos menos que um pudim!)

Com o tempo, Bill Hahn, perito da companhia em consumidor, conduziu vários métodos de pesquisas com base nos consumidores,

ILUSTRAÇÃO A1-1 **Escalada de benefícios da Starbucks**

Fonte: Mark Mitten e Eric Arnson (Originate Consulting)

No degrau inferior da escalada, vêem-se os atributos (características) do produto que são fundamentais para a oferta da Starbucks — bebidas de qualidade, rápido atendimento, muitos locais, Internet sem fio. A escalada é construída pela adição de benefícios funcionais e depois dos benefícios emocionais associados às características do produto. Por exemplo, muitas filiais da Starbucks, mais horas com o estabelecimento aberto e atendimento rápido (na coluna "local" da escalada) oferecem benefícios de conveniência e acessibilidade. Esses benefícios funcionais permitem que as pessoas se sintam mais "no controle" do próprio tempo — um benefício emocional.

"permissão"

O conceito no topo da escalada ("Permissão") é extremamente importante, pois é aí que a os produtos e serviços têm a probabilidade de ser bem recebidos pelo público-alvo. Assim, a expansão da Starbucks para produtos de café da manhã é uma extensão lógica dos benefícios de sua marca diretamente associados ao seu produto principal: o café. Isso também mostra que compreendem seus clientes. ✦

incluindo uma técnica bastante eficiente chamada "escalar". Na técnica de escalar, começa-se com uma característica do produto. Em seguida, escala-se para os benefícios funcionais e, finalmente, aos benefícios emocionais. A Starbucks é uma conhecida marca contemporânea que podemos usar para ilustrar esse ponto (v. a seção "Starbucks: estudo de caso", p. 81).

Os benefícios emocionais podiam construir uma lealdade mais forte à marca que os benefícios funcionais apenas.

Bill Hahn ajudou a demonstrar, qualitativa e quantitativamente, que os benefícios emocionais podiam construir uma lealdade mais forte à marca que os benefícios funcionais apenas, nos quais a companhia havia confiado. Ele aproveitou o aprendizado do conceito de desenvolvimento, para capacitar a empresa a criar novos produtos com benefícios emocionais específicos em mente, como no exemplo da Starbucks.

Depois, quando Bill e eu trabalhamos juntos na indústria de cosméticos, ele expandiu o conceito de benefícios emocionais para a idéia mais ampla de benefícios intangíveis. Isso porque ele descobriu que as motivações e atitudes, além das emoções, eram também componentes importantíssimos de lealdade à marca. Isso expandiu nosso pensamento para além de como um produto ou serviço fazia alguém "se sentir" (emoções). Queríamos saber o que o estimulava a experimentar o produto pela primeira vez (motivações) e se havia ou não uma disposição particular que influenciava suas ações (atitudes).

Esse tipo de trabalho, teoricamente, suscita uma preocupação ainda maior: saber não apenas como o cliente se sente a respeito do produto ou serviço que está atualmente utilizando, mas quais necessidades *não satisfeitas* oferecem oportunidades novas e potencialmente melhores. Ou seja, estou oferecendo o produto ou serviço certo? (V. a seção "O Canal do Tempo: estudo de caso", p. 83, para saber como isso funciona.)

Quais são as necessidades não atendidas?

Eric Arnson

O Canal do Tempo — Estudo de caso

Quando o Canal do Tempo estava começando, em 1982, eles estavam em busca de um segmento da audiência de TV a que chamavam carinhosamente "entusiastas do tempo", isto é, pessoas que se interessavam por fenômenos do tempo, quase como meteorologistas amadores. Minha empresa entrou em cena e disse: "Por que não fazemos uma pergunta mais ampla: 'Como o tempo pode causar impacto à vida de alguém?' ".

Descobrimos várias formas em que o tempo causa impacto à vida das pessoas:

- Viagem de trabalho — por estradas e pelo ar
- Atividades ao ar livre — trabalho, jardinagem, esportes e lazer
- Principais condições do tempo — interrupções causadas por condições difíceis

Nossa pesquisa mostrou que os clientes queriam saber o que estava à frente — para compreender como o tempo afetaria o cotidiano deles. Para alguns, a questão era: "Devo levar um guarda-chuva?". Para outros, significava ligar o despertador trinta minutos antes porque o percurso até o trabalho seria demorado. Podia ser ainda algo mais preocupante: "Vou ter de passar outro dia na estrada por causa de vôos atrasados ou cancelados?". O Canal do Tempo tinha relação direta com planejamento: tornar o imprevisível — o tempo — previsível.

Através das lentes desse consumidor, o Canal do Tempo tornou-se muito mais que uma fonte de informações meteorológicas. Transformou-se num recurso para quem quiser saber as condições de qualquer viagem. É por isso que hoje um relatório do trânsito é emitido a cada dez minutos, porque se alguém está planejando ir do ponto A ao ponto B, ele precisa saber quanto tempo será necessário para chegar lá. O Canal do Tempo passou a informar também o tempo próximo dos aeroportos, a fim de proporcionar a todos os que pretendem viajar de avião um quadro realista das condições de vôo.

Além dos viajantes, descobrimos outro grupo: os que confiam nas informações do Canal e se orientam por elas para planejar seu fim de semana. Esse grupo costuma fazer duas perguntas: 1) "Vou poder fazer o que planejei?"; 2) "Caso afirmativo, o que precisarei usar?". Ficou claro aos responsáveis pela programação que a questão do prazo era importante. Esse grupo queria saber na noite anterior como seria o tempo no dia seguinte, a fim de planejar com segurança suas atividades.

Outro grupo de espectadores do Canal do Tempo ama a natureza. Eles querem ouvir as previsões do tempo por um especialista, como um horticultor, de modo a saber, por exemplo, qual o melhor momento para plantar flores ou fazer a fertilização.

Outros se preocupam com o tempo somente quando ele causa algum problema — uma tempestade, um furacão, uma tempestade de neve ou qualquer coisa que afete o fluxo de sua vida. Quando algo assim acontece, eles querem saber que atenção está sendo dada às áreas atingidas — especialmente se a área deles estiver incluída. Quando um temporal ou algo pior atinge alguma região do país, logo ela é destacada no Canal do Tempo. Isso significa repórteres no local e peritos no estúdio, os quais passam todas as informações possíveis sobre a tempestade.

Pela perspectiva empresarial, implementar mudanças na programação com base em necessidades reais — tangíveis e intangíveis — ajudou o Canal do Tempo a tornar-se líder de mercado na TV e na Internet. A lucratividade deles evoluiu do mais baixo terço da indústria da TV a cabo para o grupo das cinco maiores, porque eles sabiam exatamente como oferecer uma carteira de serviços aos variados grupos de clientes.

Um canal a cabo que costumava informar somente os "entusiastas do tempo" tornou-se uma autoridade em meteorologia, no qual as pessoas confiam, no que diz respeito a todas as formas em que o tempo afeta a vida.

Projetos como o do Canal do Tempo nos ajudaram a entender que era possível expandir nossa pesquisa além da satisfação com o produto e os benefícios da marca. Percebemos que os clientes não queriam apenas comprar um produto: queriam um relacionamento, uma ligação mais profunda com as marcas que eles mais valorizavam. Assim, concentramo-nos em responder a três perguntas:

Segmentos

Quais os diferentes grupos de consumidores que a empresa pretende servir?

Necessidades

Que necessidades estão sendo atendidas, não estão sendo bem atendidas ou não estão sendo atendidas de forma alguma?

Intangíveis

Como nossa marca poderá ligar-se de maneira exclusiva com o consumidor, funcional e emocionalmente?

A DESCOBERTA IMPORTANTE DO MODELO DE COMPROMISSO

Deixei a consultoria a cargo do mundo do desenvolvimento de produto, a fim de que eu pudesse cavar mais fundo naquelas perguntas, buscando as respostas num leque maior de marcas. Gastei cinco anos em planejamento estratégico e criação de novos produtos para um grupo de consultoria que estava na dianteira da criação de pesquisas do consumidor para planejamento de longo alcance. Nossos questionários detalhados sondaram as necessidades do consumidor, bem como suas motivações, atitudes, critérios de compra, circunstâncias

lealdade
endosso
influência

de vida e comportamentos. Chegamos até a acompanhar alguns consumidores em suas compras. Então, conseguimos uma pesquisa de onde as companhias tiram milhares de respostas.

Escolher informação significativa em meio a todos aqueles dados exigiu mais arte que ciência. Estávamos olhando através das lentes das emoções humanas no que se referia às características do produto e aos benefícios da marca, em busca dos ativadores mais significativos para a seleção da marca e a lealdade. Estávamos procurando meios de compreender *segmentos* de marcas, para, assim, não apenas entender o que conduzia o comportamento geral da marca, mas também definir quais segmentos de mercado ofereciam as melhores oportunidades. (Para melhor compreensão desse assunto, v. "Limpeza: estudo de caso", p. 86).

Estávamos olhando através das lentes das emoções humanas relacionadas às características do produto e aos benefícios da marca.

Em meados da década de 1990, contratamos John Copeland, doutor em psicologia social com grande experiência em modelos matemáticos. Copeland provou quantitativamente que compreender o intangível era de extrema importância para elevar o compromisso com a marca a patamares mais elevados, incluindo:

- *Lealdade* — *Uso de uma única marca de produto ou serviço*
- *Endosso* — *Disposição para aprovar ou defender, como recomendar a um amigo*
- *Influência* — *Disposição de tentar novos produtos ou serviços da mesma marca*

Quando se trata de apresentar um novo produto, é importante saber qual grupo de pessoas estará interessado em usá-lo. A dificuldade na pesquisa do consumidor é que não existe apenas um consumidor. Não se pode basear um método na presunção de que todos os consumidores são iguais. É preciso segmentá-los para ver a semelhança ou diferença entre eles.

Quando uma fábrica de artigos de limpeza contratou minha companhia, nossa pesquisa descobriu quatro segmentos:

- Quero me ver livre dos germes — Os que querem uma casa limpa por causa da saúde.
- Estou limpo, portanto sou uma boa pessoa — Os que querem uma casa limpa por pensar que serão julgados por seus iguais.
- Farei o melhor que puder — Os que querem uma casa limpa, mas não são fanáticos por limpeza.
- É a minha casa, gente — Os que se sentem bem, independentemente da aparência de sua casa.

Por isso, a pergunta feita pela fábrica de limpeza foi esta: "Se apresentarmos um novo produto que seja a última novidade em limpeza, qual dos quatro segmentos é o melhor mercado-alvo?". O que quer se ver livre dos germes exagera, certo? Errado. A menos que lhe seja mostrado que é possível encontrar uma colônia de micróbios fora do chão, ele não irá se interessar pelo que lhe é oferecido. O que ele quer é ficar de quatro, esfregando o chão para matar germes.

E quanto ao "Estou limpo, portanto sou uma boa pessoa" — os que querem se apresentar sempre asseados e livres de impurezas aos amigos que freqüentam sua casa? Uma escolha aparentemente óbvia, porém errada. Eles não querem uma arrumação rápida: querem fazer um trabalho completo. Querem que os amigos fiquem impressionados com o tempo e o esforço gastos na limpeza da casa.

Certo, isso significa que nosso alvo é o segmento "É a minha casa, gente" — os mais preguiçosos — porque o produto é muito fácil de usar? Novamente, a resposta é não. Eles têm montes de coisas — e gostam de suas coisas exatamente como estão. É o jeito deles. Não estão preocupados com limpeza, porque sempre existe algo mais importante a fazer com seu tempo.

Isso nos leva ao segmento "Farei o melhor que puder". Eles são o grupo ideal para um novo produto de limpeza. São aqueles que dizem: "Gente, não vou aspirar a casa toda, mas se eu vir uma mancha ou algo que queira limpar rapidamente, existe agora uma maneira mais fácil e rápida de fazê-lo".

Nesse caso, usamos a pesquisa para entender os diferentes segmentos e prever qual deles responderia aos aspectos intangíveis do produto. ✦

O gerenciamento eficiente da marca exigia agora que os empresários compreendessem e cultivassem os benefícios emocionais e outras características intangíveis de seus produtos. Tal planejamento com base no consumidor espalhou-se como fogo descontrolado pela indústria de mercadorias embaladas. Quando os gerentes de produto e de marcas migraram para diferentes indústrias (bens duráveis, viagens, serviços financeiros, seguro e varejo), seguiu-se um planejamento detalhado com base no consumidor. Os dados sobre emoções, motivações e atitudes do consumidor – aspectos intangíveis que elevaram o nível de compromisso com a marca – tornaram-se um requisito fundamental para o planejamento estratégico.

Os dados sobre emoções, motivações e atitudes do consumidor tornaram-se um requisito fundamental para o planejamento estratégico.

A descoberta importante ocorreu quando o Dr. Copeland construiu um modelo quantitativo que nos permitiu limitar os mais significativos condutores intangíveis do compromisso do consumidor – um modelo de "compromisso com a marca". Ele descobriu que é possível entrar numa categoria de produto, escolher declarações a respeito de emoções, atitudes e motivações, entre outros, e assim *prever empiricamente* a probabilidade de qualquer nível de compromisso, bem como a base para o compromisso com sua marca ou com a marca do concorrente.

Ele ampliou nosso trabalho anterior, que era sobre benefícios funcionais e emocionais, para um espectro mais amplo no qual estava contido uma perspectiva sobre a identidade da marca: *quem* é a marca, não apenas que produtos ela oferece.

emoções
motivações
atitudes

"Apenas faça!"

Posso ilustrar isso com um exemplo simples, bem conhecido do consumidor. Quando você ouve a palavra *Nike*, pode ser que não pense imediatamente no produto que eles vendem. O *slogan* deles – "Apenas faça!" – talvez seja a primeira coisa que lhe venha à mente. A identidade da marca Nike reflete esse *slogan*, que é feito de bens intangíveis, como sua reputação, sua personalidade e sua história. A identidade da marca Nike pode inspirar você a experimentar os produtos, e, depois de gastar neles seu dinheiro verá que os calçados Nike são o que há de melhor em ajuste, desempenho e qualidade. Você pode fazer todas as promessas do mundo referentes à sua marca (no que diz respeito à identidade dela), porém a menos que atenda ou exceda às expectativas criadas pelas promessas, seu produto não se firmará no mercado. Atender ou exceder às expectativas produz lealdade, propaganda boca a boca e recomendações – enfim, compromisso com a marca.

A beleza da análise...

A beleza da análise foi que pudemos aplicá-la a várias categorias de produtos: previsão do tempo, programação de TV, serviços financeiros, indústria de calçados. Pense numa categoria, e já aplicamos a ela o modelo de compromisso.

O que o modelo de compromisso nos possibilitou fazer foi enxergar a "previsibilidade" de alguém experimentar um produto... ou não. Pudemos literalmente entrar em qualquer categoria e descobrir as probabilidades de alguém comprar muito ou pouco de determinado produto.

A parte intrigante é que a previsibilidade depende da compreensão do que está acontecendo no coração e na mente das pessoas. Os métodos que usamos são autodescritivos: perguntamos a intensidade do sentimento do consumidor a respeito de coisas. Medimos uma emoção, uma atitude ou uma motivação pela intensidade da resposta (*concorda plenamente*, *concorda*, *discorda*, *discorda totalmente*, e assim por diante). Em seguida, comparamos a resposta com outras a respeito de benefícios desejados e comportamentos para ter uma idéia do que realmente influencia o comportamento do consumidor.

Queríamos usar o modelo de compromisso para espionar o coração das pessoas.

Meus colegas e eu aplicamos esses princípios e métodos a mais de 250 marcas, em 60 categorias. Embora a maioria seja de bens e serviços, fomos também pioneiros em aplicações nos campos do desenvolvimento de liderança e do treinamento de atletismo. Descobrimos que a categoria parece não importar, desde que se tenha dimensões e benefícios funcionais e emocionais.

BOM PARA OS NEGÓCIOS E BOM PARA AS IGREJAS?

Quando surgiu essa oportunidade única na Comunidade Willow Creek, fiquei definitivamente intrigado com a idéia de aplicar ao ambiente da igreja o que havíamos aprendido no mercado e de desenvolver uma compreensão melhor de como os cristãos crescem espiritualmente.

Queríamos usar o modelo de compromisso para espionar o coração das pessoas a fim de entender o que os leva ao crescente amor por Deus e ao compromisso cada vez maior com Cristo. O desafio foi incrível porque aquilo era um campo completamente novo – uma categoria inteira nunca antes explorada por dentro, por assim dizer.

Queríamos descobrir o que era mais importante – o que funcionava (os "condutores") e o que não funcionava (os "empecilhos") – para

Queríamos obter algum conhecimento sobre as melhores oportunidades para a igreja.

criar um crescente nível de compromisso com Cristo. Queríamos também saber o grau de satisfação dos cristãos com seu crescimento espiritual e com o papel da igreja nesse crescimento. Queríamos obter algum conhecimento sobre as melhores oportunidades para a igreja: o que mais ela podia oferecer (e que não estava oferecendo) para ajudar no crescimento espiritual do povo. Para uma categoria tão complexa como a fé cristã, descobrimos que as respostas a essas perguntas são surpreendentemente simples e extremamente instigantes.

surpreendentemente simples extremamente instigante

Apêndice 2

REVEAL ABORDAGEM E METODOLOGIA DA PESQUISA

Este projeto começou com uma simples pergunta: "Pode a pesquisa científica nos ajudar a compreender e talvez medir o crescimento espiritual?". Eu acreditava que a resposta seria sim. Estava convicto de que as mesmas ferramentas de pesquisa usadas para medir atitudes e comportamentos dos consumidores serviriam para medir as convicções espirituais e o comportamento dos cristãos.

Eis uma rápida avaliação de nossa abordagem e nosso método de pesquisa.

ABORDAGEM

A nossa abordagem concentrou-se em três importantes áreas e questões relacionadas a essas áreas:

- **Segmentos:** Quais os diferentes grupos/segmentos que a igreja pode tentar servir?
- **Necessidades:** Das necessidades de cada segmento, quais estão sendo atendidas, quais não estão sendo bem atendidas e quais não estão sendo atendidas de nenhuma forma?
- **Condutores e empecilhos:** Quais são os condutores do crescimento espiritual e quais são seus empecilhos?

Essas três áreas constituem a estrutura em torno da qual organizamos a informação que coletamos.

METODOLOGIA

Em termos gerais, existem dois tipos de metodologia de pesquisa: qualitativa e quantitativa.

Dados qualitativos ajudam a esclarecer hipóteses, convicções, atitudes e motivações.

Qualitativa

Esse é um processo personalizado, no qual o pesquisador faz perguntas diretamente ao indivíduo. As perguntas são freqüentemente feitas não apenas em busca de informação e de opinião, mas também das emoções e motivações por trás do que é dito. Os pesquisadores usam dados qualitativos para ajudar a esclarecer hipóteses, convicções, atitudes e motivações. O trabalho qualitativo é, com freqüência, o primeiro passo, porque permite ao pesquisador sintonizar-se com a linguagem que será usada nas ferramentas quantitativas.

Quantitativa

Esse processo utiliza questionários detalhados distribuídos a milhares de pessoas. As questões são quase sempre de múltipla escolha, e os participantes escolhem a resposta mais apropriada entre as listadas para cada pergunta. A pesquisa quantitativa reúne um montante imenso de dados, que dá aos estatísticos grande flexibilidade na análise dos resultados.

✦

Em 2004, quando nos concentramos exclusivamente na Comunidade Willow Creek, utilizamos métodos qualitativos e quantitativos. Eis um sumário do método utilizado para a pesquisa feita em 2007.

Fase qualitativa **(dezembro de 2006)**

- *Entrevista pessoal com 68 membros da igreja.* Recrutamos especificamente pessoas dos mais avançados estágios de crescimento espiritual. Nosso objetivo era capturar a linguagem e as percepções para desenvolver nosso questionário.
- *Duração da entrevista: de 30 a 45 minutos*
- *Pesquisa concentrada em 15 tópicos.* Os tópicos versavam sobre história da vida espiritual, experiência eclesiástica, práticas espirituais pessoais, atitudes e convicções espirituais, entre outros tópicos.

Fase quantitativa **(janeiro-fevereiro de 2007)**

- Pesquisa por *e-mail* com sete igrejas geográfica e culturalmente diferentes
- Recebidos 4.943 questionários completos, resultando em 1,4 milhão de dados
- Utilizados 53 conjuntos de perguntas sobre tópicos como:

Atitudes para com o cristianismo e a vida espiritual da pessoa

Práticas espirituais pessoais, como regularidade na leitura bíblica, oração, anotações e solitude

Satisfação geral com a igreja e suas características

Empecilhos mais significativos ao crescimento espiritual

Participação e satisfação nas atividades da igreja, como trabalhos de fins de semana, pequenos grupos, ministério jovem e serviço

Empregamos os mais altos padrões de pesquisa disponíveis, além de um vigoroso processo qualitativo.

Em resumo, empregamos os mais altos padrões de pesquisa disponíveis, além de um vigoroso processo qualitativo. Obtivemos um número substancial de respostas das igrejas pesquisadas. Nossa análise beneficiou-se grandemente com tão ampla colaboração.

Apêndice 3

UM BÔNUS DE 12 DESCOBERTAS

Descoberta 1: Crescer numa igreja é a principal razão de as pessoas começarem a explorar o cristianismo. Outras razões dizem respeito a sentimentos pessoais de vacuidade ou de luta.

A pesquisa mostra que não existe muita distinção na escala espiritual quanto à maneira de começar a exploração da fé. Isso significa que, tanto para quem está no segmento Conhecendo o Cristianismo quanto para quem pertence ao segmento Centrado em Cristo, a probabilidade de dizer que cresceram numa igreja e assim conheceram o cristianismo a vida toda é a mesma (v. o quadro A3-1, p. 96).

Talvez as motivações mais significativas – as que verdadeiramente ativaram uma jornada séria de exploração espiritual – sejam as quatro declarações que se seguem à "crescer na igreja". Essas declarações são em geral irreproduzíveis, o que significa que as motivações são relativamente independentes. Assim, a tendência é escolher "crescer na igreja" e apenas mais uma motivação,

motivações significativas

não várias. Isso significa, por exemplo, que enquanto mais de 50% "cresceram na igreja", cremos que quase 30% começaram a explorar seriamente o cristianismo porque "estava faltando algo", 20% estavam "procurando um propósito maior" e 18% começaram sua exploração por causa de "padrões negativos".

Gráfico A3-1

Foram permitidas múltiplas respostas

As cinco principais razões de as pessoas começarem a explorar o cristianismo

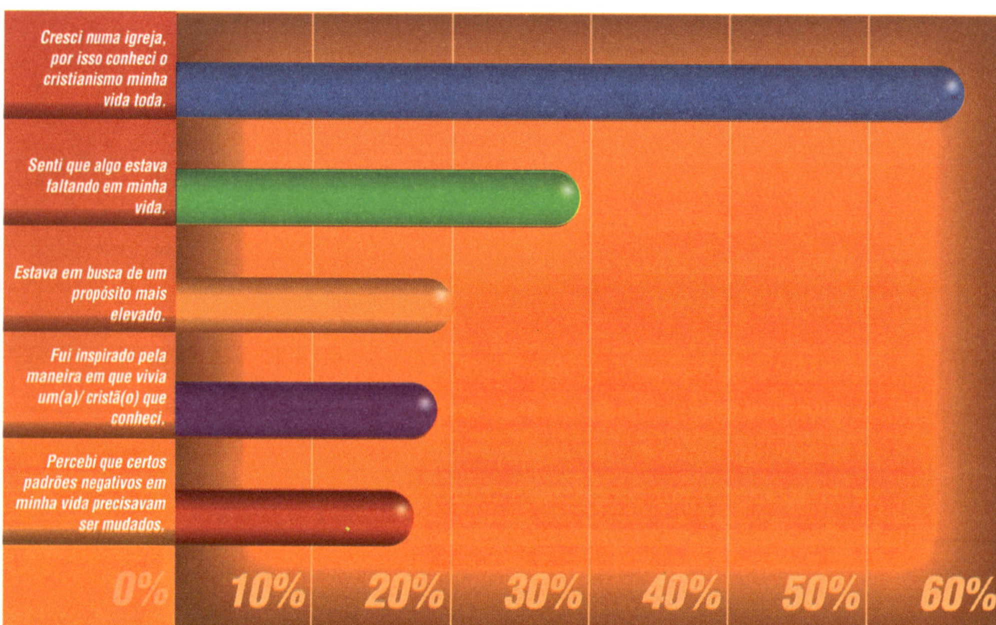

Existem algumas diferenças secundárias interessantes ao longo da escala espiritual. Por exemplo, os que estão no segmento Conhecendo o Cristianismo e Crescendo em Cristo têm mais probabilidade de dizer que estão "buscando um propósito mais elevado" e que "está faltando algo em minha vida".

Descoberta 2: As pessoas começam a freqüentar a igreja principalmente por causa de um relacionamento ou de uma recomendação pessoal.

As três razões mais importantes por que as pessoas vão à igreja pela primeira vez estão vinculadas a algum relacionamento ou a uma recomendação pessoal. Outras razões podem ser: busca intencional de uma igreja local ou uma visita provocada pela curiosidade.

Gráfico A3-2

Foram permitidas múltiplas respostas

As cinco razões principais por que as pessoas foram à igreja pela primeira vez

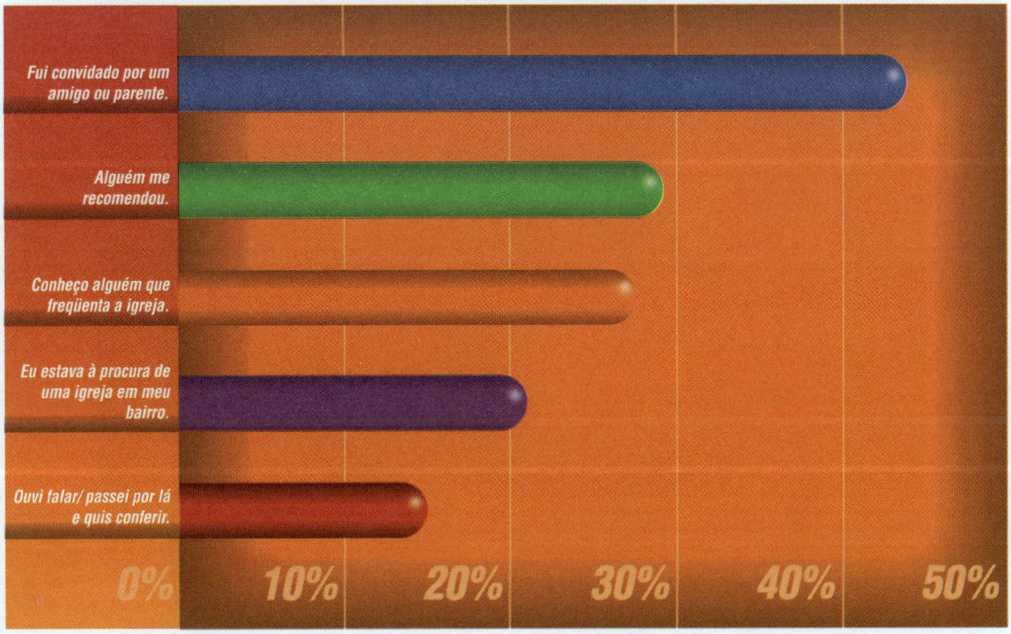

Há bem pouca distinção na escala espiritual quanto ao modo pelo qual as pessoas descobrem a igreja. Os que pertencem aos segmentos Conhecendo o Cristianismo e Crescendo em Cristo têm, de certa forma, mais probabilidade de responder que foram convidados por um amigo ou parente.

Descoberta 3: Expressões de gratidão e dependência de Deus crescem dramaticamente na escala espiritual.

A força dos sentimentos dos cristãos a respeito de sua gratidão e dependência de Deus é mais que duplicada na escala espiritual.

As porcentagens especificam os que, em cada segmento, "concordam plenamente" com cada declaração. Por exemplo, aproximadamente 90% dos que estão no segmento Centrado em Cristo "concordam" que sem a ajuda de Deus, sei que não posso conseguir por mim mesmo"

Gráfico A3-3

Sentimentos de gratidão e dependência de Deus aumentam significativamente ao longo da escalada espiritual

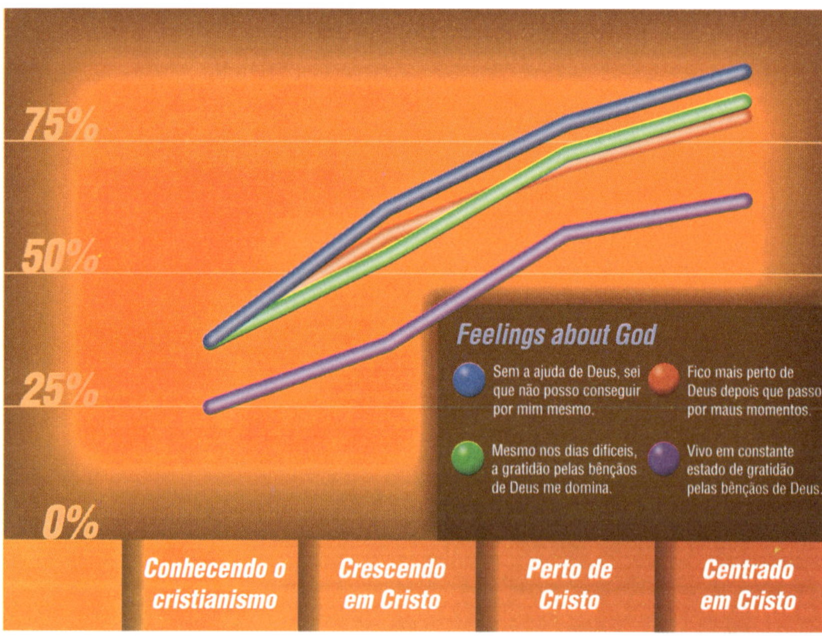

Esses são excelentes exemplos de declarações que avaliamos na hora de determinar qual a estrutura mais eficiente e previsível para compreender o crescimento espiritual. O padrão de respostas demonstrado no quadro reflete um forte alinhamento entre múltiplas declarações (sobre atitudes, comportamentos, motivações) com a escala espiritual. Esse tipo de marcha compacta (como demonstrado no quadro anterior) significa que a exatidão e a previsibilidade da estrutura do segmento são muito altas.

Descoberta 4: Os sentimentos/atitudes dos cristãos sobre a importância das práticas espirituais na vida diária progridem significativamente ao longo da escala espiritual.

As atitudes dos cristãos a respeito da importância da oração e da leitura bíblica aumentam de cinco a seis vezes do segmento Conhecendo o Cristianismo para o segmento Centrado em Cristo.

ʌs porcentagens indicam as ·oas de cada segmento que ·ncordam plenamente" com ɔa declaração. Por exemplo, ɔe 60% dos que pertencem ao segmento Centrado em ·o "concordam plenamente" que "a oração é uma peça ·undamental em minha vida"

Gráfico A3-4

As atitudes sobre a importância das práticas espirituais melhoram significativamente ao longo da escalada espiritual

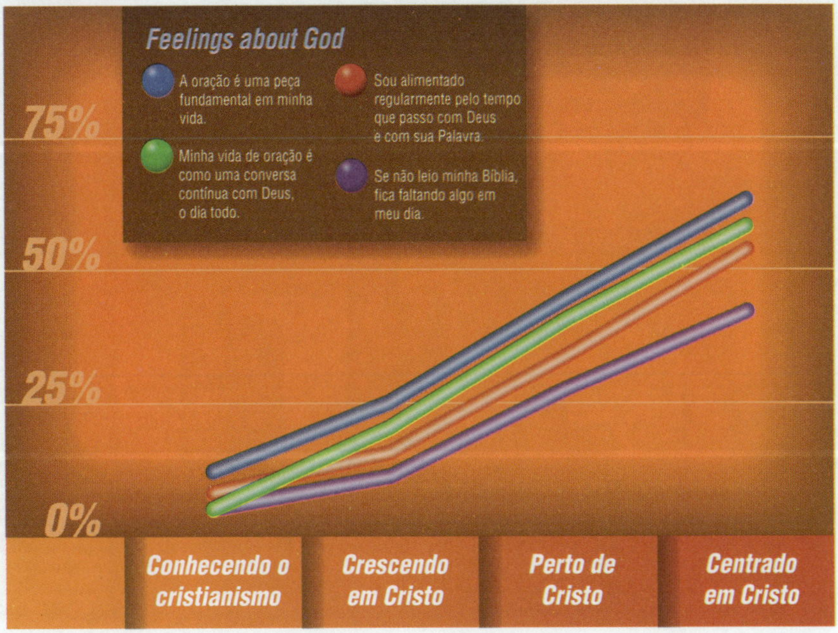

Esse quadro mostra que os que estão nos segmentos Perto de Cristo e Centrado em Cristo não estão lendo a Bíblia com regularidade por pensarem que *devem* ou *tem de* ler: eles se envolvem em práticas espirituais porque *querem*. Os mais avançados na escala espiritual consolidam seu relacionamento com Cristo numa disciplina regular de desenvolvimento espiritual. Conferem um alto valor pessoal e emocional ao papel das práticas espirituais na vida deles.

Descoberta 5: As pessoas reconhecem abertamente que empecilhos significativos, como vícios e assuntos emocionais, impedem seu crescimento espiritual.

Questões delicadas sempre se colocam no caminho do crescimento espiritual. Em geral, as diferenças ao longo da escala espiritual não são notáveis, com uma exceção.

Gráfico A3-5

Muitos enfrentam "empecilhos significativos" no crescimento espiritual, especialmente o segmento Estagnado

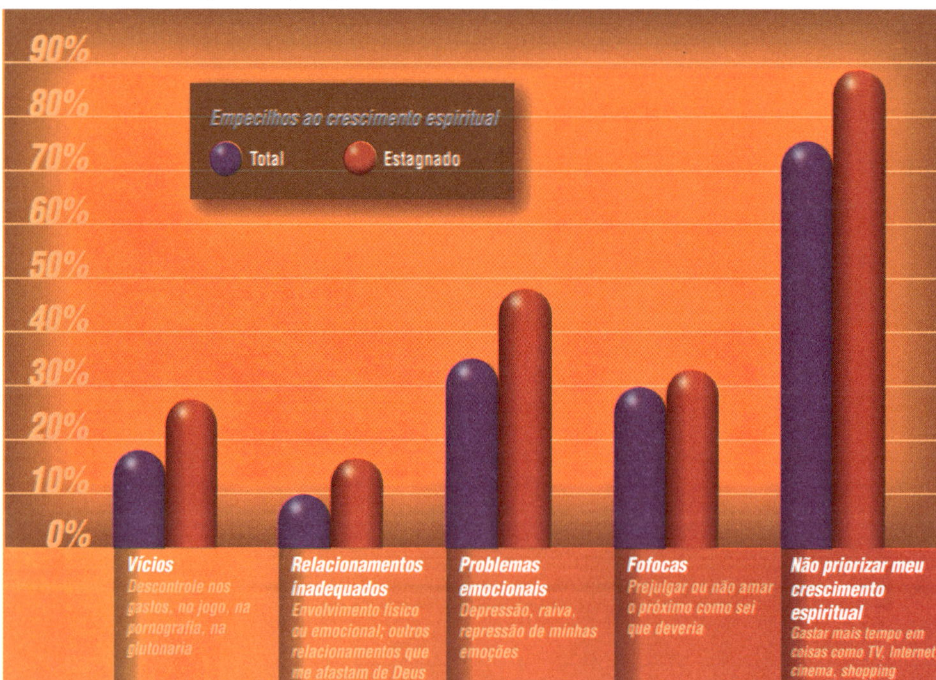

O segmento Estagnado destaca-se como o único da escala espiritual que apresenta de forma consistente níveis mais altos de "empecilhos significativos" entre todas as categorias de "empecilhos" (vícios, relacionamentos inadequados e outros). Talvez as circunstâncias da vida ou algum desafio pessoal tenham desviado essas pessoas de seu objetivo espiritual.

Descoberta 6: À medida que sobem na escala espiritual, os cristãos manifestam uma crescente necessidade de uma comunidade espiritual que "me mantenha responsável".

Os relacionamentos espirituais desempenham um papel cada vez mais importante, à medida que os cristãos sobem na escala espiritual. Eles demonstram também uma crescente necessidade desses relacionamentos para que "me mantenham responsável" e "me falem a verdade".

As porcentagens indicam as ...soas de cada segmento que ...oncordam plenamente" com ...da declaração. Por exemplo, ...de 60% dos que pertencem ao segmento Centrado em ...to "concordam inteiramente" que "tenho relacionamentos ...streitos com outros cristãos que influenciam minha vida"

Gráfico A3-6

Atitudes a respeito do papel e da importância da ascensão dos relacionamentos espirituais na escalada espiritual

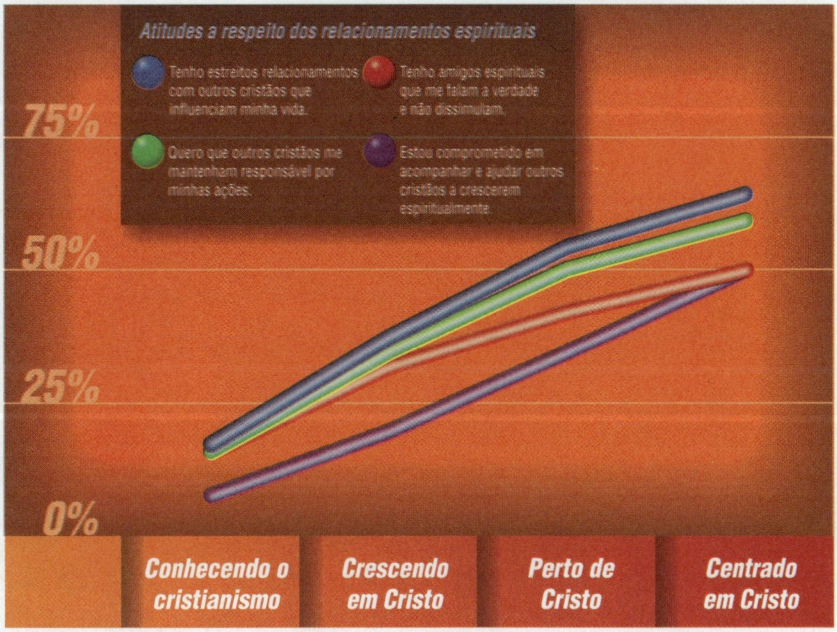

O interessante é que os segmentos mais avançados dizem estar comprometidos em "acompanhar e ajudar outros cristãos a crescerem espiritualmente", e 50% do segmento Centrado em Cristo "concordam plenamente" com essa declaração.

‹ta 7: Existem muitas razões para o serviço cristão, . a mais importante é que os cristãos sintam isso como ‹ressão de sua fé.

As atitudes a respeito do serviço aumentam ao longo da escala espiritual. O gráfico a seguir demonstra uma hierarquia interessante de razões pelas quais os cristãos acreditam ser importante servir. Desenvolver amizades parece ser muito menos importante que outras razões, até mesmo "ajudar minha igreja a alcançar essa visão".

As porcentagens indicam as pessoas de cada segmento que "concordam plenamente" com cada declaração. Por exemplo, mais de 75% dos que pertencem ao segmento Centrado em Cristo "concordam plenamente" que "servir é uma das expressões mais importantes da semelhança com Cristo"

Gráfico A3-7

Por que os cristãos se dedicam ao serviço?

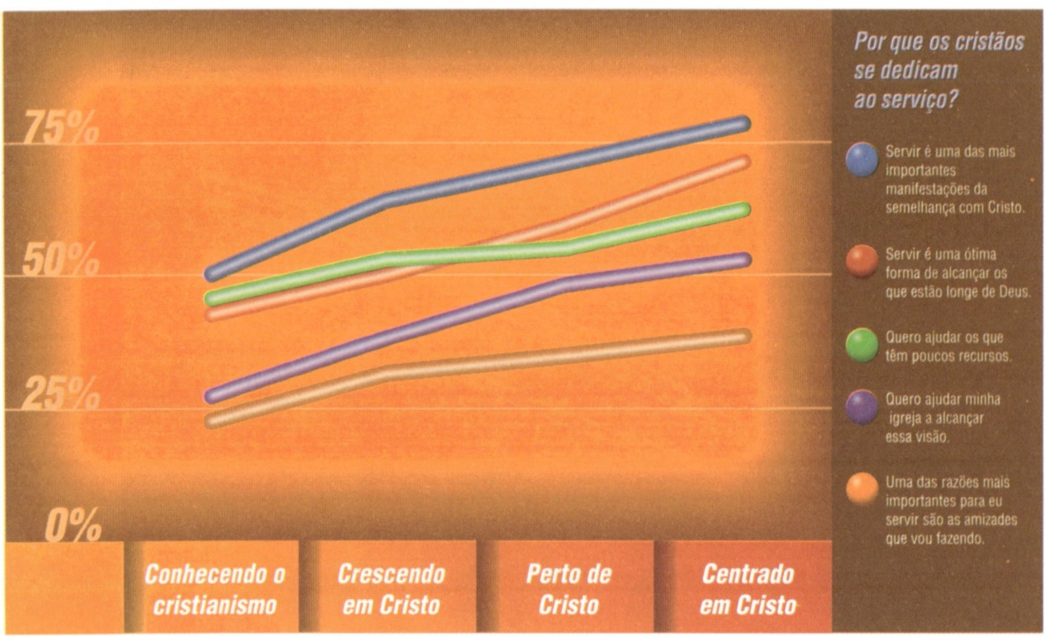

Outra observação interessante é que, para os segmentos Perto de Cristo e Centrado em Cristo, "alcançar os que estão longe de Deus" é a motivação mais forte para servir, depois de "é uma das mais importantes manifestações da semelhança com Cristo".

Descoberta 8: A atividade evangelística número um para a maioria dos segmentos é falar sobre oração ou oferecer-se para orar pelos não-crentes.

Os que responderam às pesquisas demonstram uma interessante mistura de atividades evangelísticas, sendo as principais falar sobre a oração ou oferecer-se para orar por um não-crente. A atividade evangelística se intensifica ao longo da escala espiritual, confirmando que nossos melhores evangelistas são os que estão nos últimos estágios do crescimento espiritual.

Gráfico A3-8

Foram permitidas múltiplas respostas

As cinco principais atividades evangelísticas

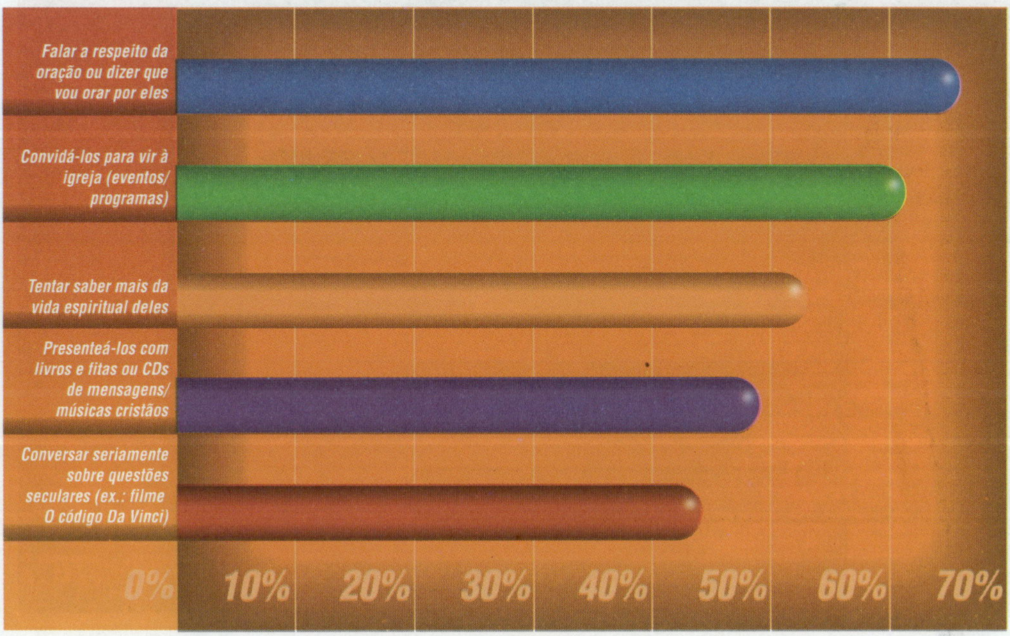

É também interessante observar que tentar "saber mais da vida espiritual deles" obteve mais respostas que "entregar materiais cristãos". Já as conversas sobre assuntos seculares, como filmes, não foi um item tão significativo nas atividades evangelísticas.

Descoberta 9: Mais da metade dos pesquisados disseram ter usado a Internet em algum momento do ano anterior em benefício de seu crescimento espiritual.

O gráfico a seguir mostra a porcentagem dos que usaram a Internet para cinco atividades relacionadas ao crescimento espiritual.

As porcentagem indicam os que responderam à pesquisa afirmando ter usado a Internet no ano anterior em cada atividade. Por exemplo, cerca de 55% dos que responderam usaram a Internet pelo menos uma vez no ano anterior para "baixar cultos, mensagens ou músicas cristãos"

Gráfico A3-9

Como os cristãos usam a Internet para crescer espiritualmente?

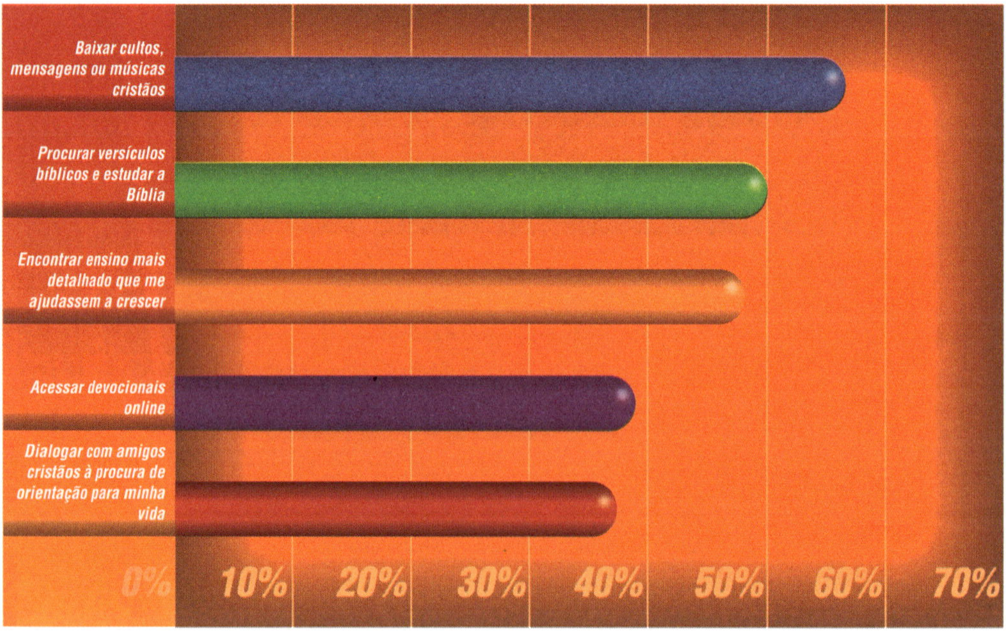

Não existe muita distinção entre as cinco atividades, embora pareça que baixar mensagens ou músicas cristãs seja a opção mais popular, e dialogar com amigos, a menos comum. Não houve também muita diferença entre os segmentos na escala espiritual.

Descoberta 10: Os segmentos Estagnado e Insatisfeito parecem indicar maior probabilidade de pensar em sair da igreja.

O gráfico a seguir realça o grau de insatisfação dos segmentos Estagnado e Insatisfeito com a igreja ao comparar as respostas à pergunta: "Quanto tempo você pretende ficar em sua igreja?" com o restante da escala espiritual.

Gráfico A3-10

Você pretende deixar a igreja?

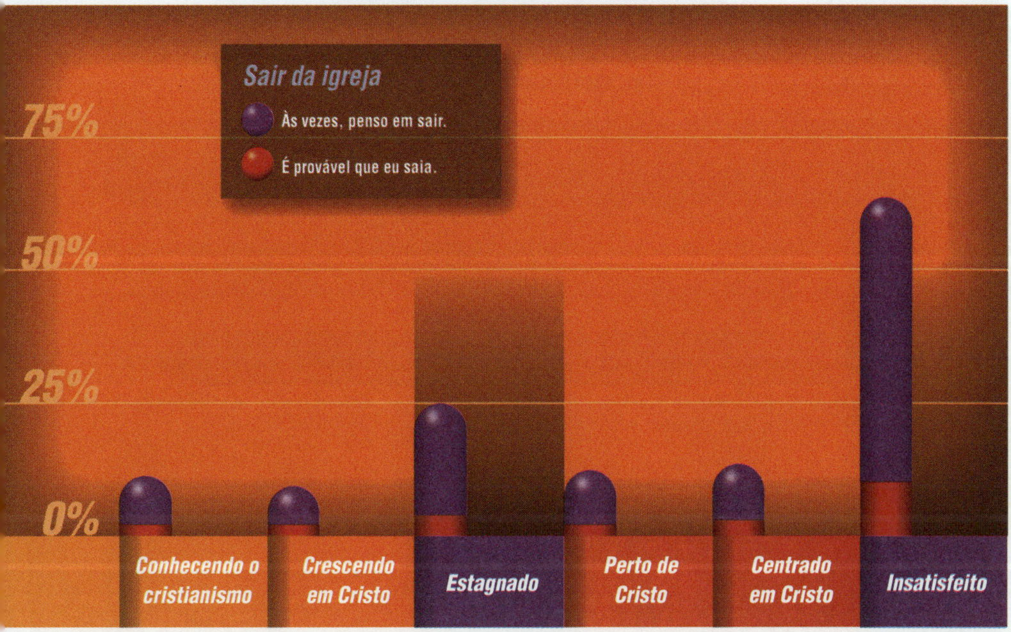

Não há uma resposta definitiva para o motivo da insatisfação dos segmentos Estagnado e Insatisfeito com a igreja. Acreditamos que o segmento Estagnado esteja lutando com circunstâncias da vida ou com assuntos pessoais (v. "Descoberta 5", p. 100). No segmento Insatisfeito, muitos seguidores de Cristo, por alguma razão, acham que a igreja está falhando com eles. À medida que avançamos na pesquisa, estamos dando maior atenção a esses dois segmentos, a fim de saber mais a respeito deles.

Descoberta 11: Seis atributos da igreja são os mais importantes para os cristãos, embora os níveis de satisfação variem consideravelmente.

Em nossa pesquisa, indagamos da satisfação dos cristãos com 35 atributos da igreja. Os seis atributos mostrados no gráfico a seguir têm mais correlação como auxílio no crescimento espiritual.

Porcentagem de todos os que responderam à pesquisa e disseram estar "muito satisfeitos" com cada atributo da igreja. Por exemplo, mais de 70% dos que responderam disseram estar "muito satisfeitos" porque sua igreja "promove cultos irresistíveis"

Gráfico A3-11

Satisfação com os seis principais atributos da igreja

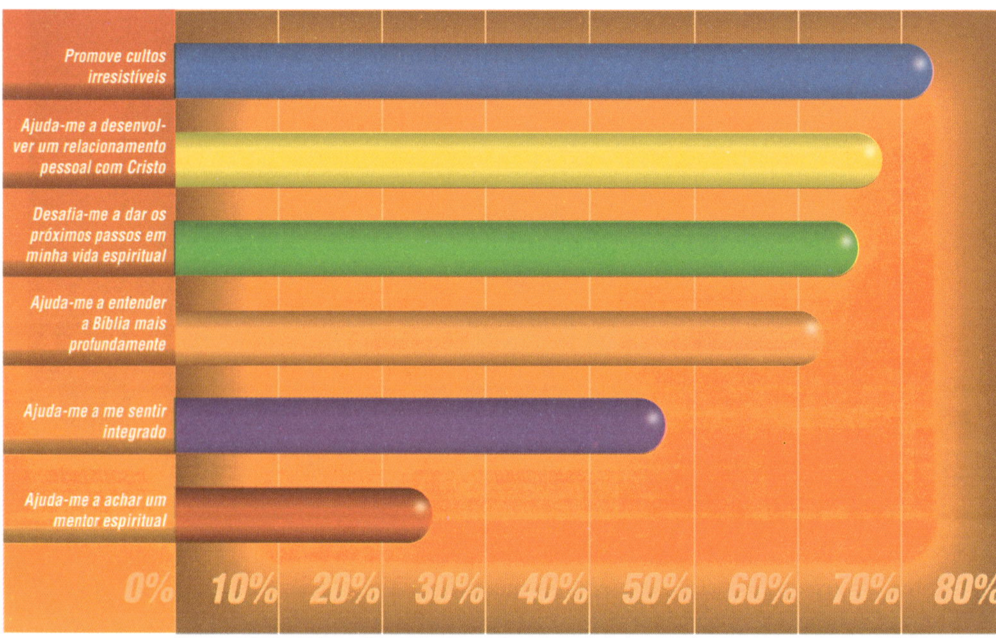

A pesquisa indica alto nível de satisfação com os cultos de fim de semana e com o desafio do desenvolvimento espiritual oferecido pela igreja. A satisfação é menor com dois atributos relacionados à identidade e aos relacionamentos espirituais – "Ajuda-me a me sentir integrado" e "Ajuda-me a encontrar um mentor espiritual".

Descoberta 12: Os cristãos dizem que os cultos de fim de semana são importantes para o seu crescimento espiritual e apreciam a experiência de louvor/adoração

O gráfico a seguir demonstra a importância dada aos cultos de fim de semana, que a maioria (85%) freqüenta de três a quatro vezes por mês.

centagem de todos os que responderam à pesquisa e disseram "concordar plenamente" com cada declaração a respeito dos cultos de fim de semana de sua igreja. Por exemplo, quase 70% dos e responderam "concordam plenamente" que "faço do culto de fim de semana uma prioridade em minha semana"

Gráfico A3-12

O que os cristãos dizem sobre os cultos de fim de semana

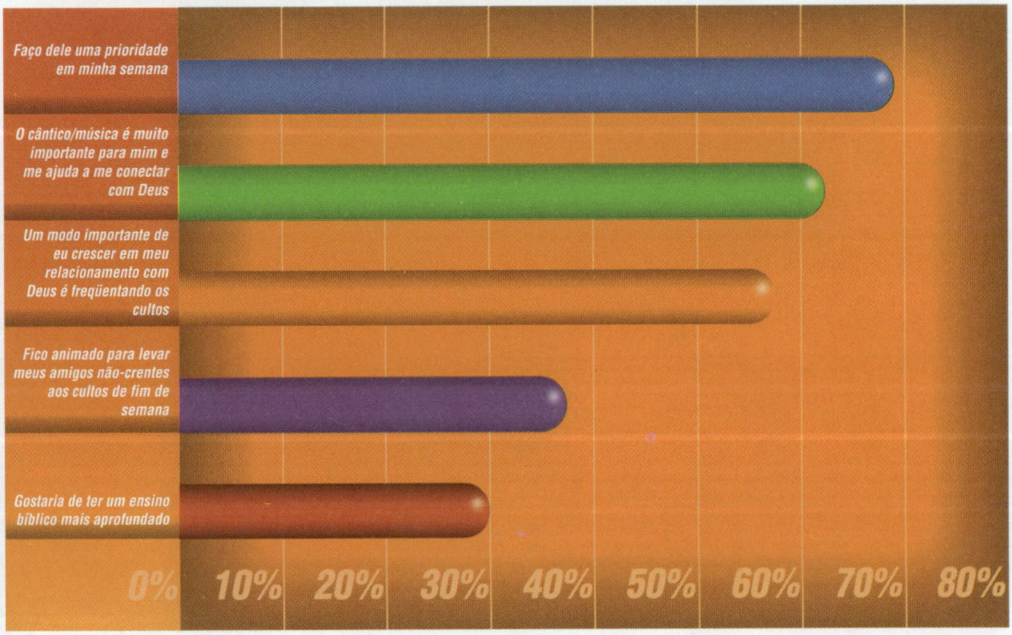

Vemos de fato algumas diferenças quando observamos essas atitudes ao longo da escala espiritual. É muito mais provável que o segmento Centrado em Cristo esteja "animado em levar amigos não-cristãos aos cultos". O segmento Insatisfeito tem menos probabilidade de querer "um ensino bíblico mais aprofundado" ou "mais desafio" dos cultos.

Quadro de avaliaçã

PROGRAMA DO MINISTÉRIO	CONHECENDO O CRISTIANISMO	CRESCENDO EM CRISTO	PERTO DE CRISTO	CENTRADO EM CRISTO

Apêndice 5

LISTA DE QUADROS E ILUSTRAÇÕES

SOBRE OS AUTORES

Greg L. Hawkins

Greg L. Hawkins é pastor executivo da Igreja Comunidade Willow Creek. Desde 1996, assessora o pastor titular, Bill Hybels, oferecendo liderança estratégica aos cinco *campi* de Willow Creek e à Associação Willow Creek. Atua também como líder de destaque para a REVEAL, uma nova iniciativa na Associação Willow Creek que utiliza instrumentos de pesquisa e descobertas para ajudar as igrejas a compreenderem melhor o crescimento espiritual de seus membros. Antes de juntar-se à Willow Creek, em 1991, Greg passou cinco anos como consultor da McKinsey & Company. Greg tem curso incompleto de engenharia civil da Texas A&M University e MBA pela Universidade de Stanford. Ele e sua esposa, Lynn, moram em Chicago com seus três filhos.

Cally Parkinson

Cally Parkinson é gerente de marca da REVEAL. Antes disso, trabalhou como diretora do serviço de comunicação na Igreja Comunidade Willow Creek, papel que assumiu após vinte anos de carreira na Allstate Insurance Company. Na Allstate, ocupou vários cargos de direção e de confiança em planejamento estratégico, pesquisa, finanças e comunicações. É bacharel em línguas pela Universidade Depauw e tem mestrado pela American Graduate School of International Management. Cally e seu marido, Rich, moram em Chicago e têm dois filhos adultos.

Eric Arnson

Eric Arnson é fundador da ORIGINATE, empresa de consultoria em pesquisa e estratégia que desenvolve e aplica novas abordagens para compreender a lealdade com base no consumidor. Ele usa também essas descobertas para ajudar os empresários a criar novos produtos e serviços. Tem mais de vinte e cinco anos de experiência na área de estratégia de marca e consumidor, atendendo principalmente 500 empresas da *Fortune*. Antes disso, foi sócio da McKinsey & Company, sócio da Cambridge Group e fundador da ENVISION, pioneira no desenvolvimento de estratégia de marca dirigida ao consumidor. Eric começou sua carreira na Procter & Gamble antes de se transferir para a Beecham Cosmetics. É formado em literatura, ciência e artes pela Universidade de Michigan. Eric e sua esposa, Germaine, moram em Chicago e têm três filhos.